「実」があって「身」体によくて「美」しくなる

実身美(サンミ)のごはん

はじめに

「実身美(サンミ)」を始めるようになったのは、自分が体調を崩したのがきっかけでした。

OL時代、仕事の帰りが遅くて夕食を作る気力がなかった私は、1人で入れる店もなく、当時はスーパーも遅くまで開いていなかったので、コンビニで食べられるものを探して、結局サラダとおにぎりなどを買って食べて済ませていました。きちんとした食事をしないまま仕事のストレスを抱え、ついついお菓子を食べ過ぎてしまうような毎日でした。

私の周りの友人達も同じような状況。「昨日、晩ごはん何食べたの?」と聞くと、「適当に食べた」と言います。「適当」の中身を聞くと、だいたいコンビニのおにぎりやパンなど、自分と似たようなもの。「こんなんじゃ、身体を悪くするな」と思っていると、やはり数年後、自分自身が体調を崩してしまいました。

そこで食生活を見直そうと考え、まず食事を玄米に替えてみました。すると、体調がみるみるよくなり、ちゃんと食べることで今まで好きだったお菓子も欲しくなくなっているのです。

「食べ物って、本当に大事だな」
そう実感した私。「きっと世の中には私みたいな人がたくさんいる」と思ったので、当時マクロビオティックを実践していた料理人の友人と2人でお店をスタートすることにしました。

忙しさとストレスに追われている人は、どうしても外食やコンビニに頼らざるをえない状況になります。そして、ストレスを感じると脳は「砂糖と油」を報酬と感じ、どうしても砂糖と油が多く含まれた食品が食べたくなるのです。そういった食品を食べ過ぎると、ビタミンB群が不足していきます。

「ビタミンB群が足りない」という現代人の共通項がわかったので、次はビタミンB群を摂ってもらうためにはどうしたらいいかを考えました。ビタミンB群は未精製の穀物に多く、精製したものには含まれていません。精製した白いごはんやパンばかり食べている現代人に不足しているのは納得です。

私たちは、ビタミンB群を補うために、玄米を中心としたメニューのカフェを作ることにしました。ほかにも酵素や食物繊維などもたっぷり摂れるように工夫した玄米カフェ「実身美」の誕生です。

実身美は「家で食べるよりもさらに健康的な"中身"が詰まった外食」を目指しています。

中身の詰まった、充実した内容を表す「実」。
身体の健康を表す「身」。
そして、美しさを表す「美」。

「み」という読みの漢字3つを合わせて、実身美(サンミ)。

玄米を中心にした献立を考え、料理を提供したところ、「体調がよくなった」「便秘が治った」「やせた」「肌がきれいになった」「健康診断の結果がよくなった」など、いつものお客様からうれしい声が聞こえてきます。一緒に働くスタッフも、毎日玄米を食べるので同じようにどんどん健康に、美しくなっていきました。2002年の創業当時から今に至るまで、そのような方は増え続けています。

このレシピ集では、実身美の献立の立て方に基づいた、野菜中心の健康レシピをご紹介しています。現代人が摂り過ぎているものは減らして、足りないものは補って。

実身美のコンセプトである、「実」があって、「身」体によくて、「美」しくなるレシピをぜひ、みなさまの健康管理にお役立てください。

2015年7月 「実身美」代表 大塚三紀子

CONTENTS

- 2 はじめに
- 6 献立のポイント
- 8 玄米のおいしい炊き方
- 10 実身美に通ってよかった！ お客様の声

第1章 1週間の実身美定食

- 12 じんわり揚げ高野と野菜のおろし煮定食
- 16 鶏肉と野菜の治部煮 わさび添え定食
- 18 鶏肉と野菜のクリームシチュー定食
- 20 玄米甘酒のトマトソースを使ったごろっとキャベツ煮定食
- 22 高野豆腐ともちきびのハンバーグ定食
- 24 さわらと野菜の包み焼き定食
- 26 サーモンの塩麹ムニエル定食

- 30 実身美スタッフおすすめ！ 調味料＆常備品リスト

第2章 ひと皿で完結する玄米ごはん

- 34 玄米ちらし寿司
- 36 車麩と野菜の南蛮丼
- 38 玄米タコライス
- 40 なすと長いもの肉味噌ドリア
- 41 アスパラと塩鮭の玄米チャーハン
- 42 ベジつくねのヘルシー甘辛丼
- 44 鶏肉とかぶの玄米豆乳雑炊
- 45 アボカドと漬けサーモンの玄米丼

- 46 酵素が生きてる！ 混ぜるだけソース

第3章 ベジ入門おかず

- 48 たけのことごぼうの麻婆豆腐
- 50 里いもとトマトのベジチーズグラタン
- 52 塩麹ラタトゥイユ
- 53 白菜と高野豆腐ボールのクリーム煮
- 54 ゴーヤとわかめの韓国風サラダ
- 55 ゴーヤと切り干し大根のチャンプルー
- 56 ふんわりひじき入りがんもどき
- 57 塩麹豆腐と青菜の白あえ
- 58 れんこんと豆のレモンマリネ
- 59 白菜と大根のローズマリーマリネ

59　夏野菜のあちゃら漬け
59　プチトマトのジンジャーマリネ
60　高野豆腐のカツレツ　フレッシュトマトソース
62　オクラとトマトのおろしあえ
62　かぼちゃの塩麴煮
63　豆腐チーズのカプレーゼ
63　セロリの塩麴きんぴら

64　作っておくと便利！　万能ソース

第4章　具だくさんのスープ

66　デトックススープ
67　ニラ団子とオクラの味噌汁
68　あらとわかめの韓国風スープ
70　枝豆とたまねぎのもちきびポタージュ
71　冬瓜と鶏ハムのすり流し
72　さつまいもともちきびの豆乳チャウダー
73　きのこと玄米もちのコンソメスープ
74　モロヘイヤのスープ
74　トマトの味噌汁
75　にんじんの豆乳スープ
75　セロリと梅干しの味噌汁

76　沖縄生まれの即席汁物　「かちゅー湯」を楽しもう！

第5章　実身美のスイーツ

78　甘酒アイスと抹茶ムースのパフェ
80　バナナと豆腐のガトーショコラ
81　バナナと小豆のクラフティ
82　豆腐とココナッツオイルのティラミス
84　豆腐と紫いものベジチーズケーキ
86　米粉とよもぎのもちもち蒸しパン
87　かぼちゃとココナッツミルクのぜんざい
88　米粉とココナッツオイルのちんすこう
89　米粉を使ったきな粉スティック

90　実身美がお答え！　Q&A

92　おわりに
94　INDEX

●材料の表記は1カップ＝200ml、大さじ1＝15ml、小さじ1＝5mlです。
●野菜などの食材の大きさには個体差があります。レシピには目安となる分量や調理時間を表記しておりますが、様子を見ながら加減してください。

●それぞれのメニューには、食材によって下記のアイコンをつけています。メニューを選ぶときの参考にしてください。

抗酸化・デトックス

活性酸素を除去すると言われているファイトケミカルが多く含まれている野菜と、アメリカ国立がん研究所が提唱する抗がん作用がある食材ピラミッドの上位の食材を使用しているレシピです。

酵素・発酵食品

人の身体は、食べ物を消化する際、酵素を使って分解します。発酵食品や、酵素が含まれる生の食材は、食材自体に含まれる酵素の力によって、消化・吸収されやすくなっています。滋養によい発酵食品、酵素を多く含んだレシピです。

ストレス

よい香りの食材や、気の巡りがよくなる薬味、ほっとする汁物など、ストレスが多いときに食べたいレシピです。

疲労回復

三大栄養素のひとつであるたんぱく質がしっかり摂れるレシピです。たんぱく質は、心身の疲労回復に必要不可欠。特に、女性が手入れする爪、髪、肌、すべてがたんぱく質でできています。最新の栄養学では、たんぱく質の不足で、うつになりやすいとも言われています。

ダイエット

食物繊維や香り食材をうまく用いて、ボリュームや食べごたえはあるけれど、太りにくいレシピです。

献立のポイント

実身美では、毎日献立を考えます。玄米を中心に、旬の食材を使って、
どんなふうにお客様においしく栄養を摂ってもらうかを考えるのです。
健康を掲げるカフェのなかでは食事の量が多いと思う人もいるかもしれませんが、
バランスを考えているので全部平らげても太る心配はありません。
ここでは、実身美が献立を立てる際に気をつけているポイントをご紹介します。

酵素・発酵食品を取り入れる

発酵食品には活きた酵素が含まれ、腸の働きを整えてくれます。納豆などそれ自体が発酵しているもののほか、味噌や塩麹など、調味料から摂るのもいいでしょう。優しい味わいで濃い味付けを避けることもできます。

ビタミンB群を摂る

糖質、脂質が多くなりがちな現代人のために、ビタミンB群は意識して多く摂れるように工夫します。玄米をはじめとする未精製穀物を主食とし、おかずにも米ぬかを使うなど意識して。

食物繊維を摂る

食物繊維は血糖値の急激な上昇を抑えるのに効果的です。ネバネバ食材や根菜などから積極的に食物繊維を摂りましょう。玄米にも食物繊維は豊富に含まれています。

抗酸化野菜を摂る

ストレスから生じ、老化やガンの原因となる活性酸素を除去する抗酸化作用の強い野菜を。ビタミンEが多いものや、機能性成分の多い野菜を心がけましょう。

いい油を使う

体に有害なトランス脂肪酸を含むマーガリンなどは避け、基本的には米油、ごま油などを使います。仕上げには、贅沢でたくさんは使いにくい亜麻仁油やえごま油などオメガ3が多い油を使って脳を癒やして。

旬の食材を使う

旬を迎えた新鮮な食材は、おいしいだけでなく、栄養価も高いので積極的に取り入れましょう。

無農薬野菜は皮ごと、丸ごと

無農薬野菜のうれしいところは、皮ごと調理できること。皮付近には栄養も旨味もたっぷり含まれています。安全な野菜を手に入れたら、ぜひ皮をむかずに大きく調理して。

「家族が食べるごはん」を意識して

実身美がいちばん大切にしているのはこれ。自然と栄養バランスを考えるようになり、自然な味付けや、彩りも工夫するでしょう。「揚げ物より煮物」といった発想にもつながり、愛情は健康につながるのです。

玄米のおいしい炊き方

実身美の食事に欠かせないのが玄米。すべての主役といってもいいでしょう。
コツを押さえておいしくてツヤツヤの玄米を炊いてくださいね。

玄米を炊く習慣がないと、難しいのでは？と思ってしまうかもしれません。しかし、ポイントを覚えておけばまったく問題なし！

白米とのいちばんの違いは浸水時間が長いこと。表皮がついているので当然といえば当然です。玄米は、基本6時間以上浸水させる必要があります。お店でも前日にとぎ、衛生上の観点からざるに上げておきます（周りについた水分が染み込みます）。長く浸す分には問題ないので、前日手があいたときに浸しておけばいいですね。

炊き方は、鍋によって少しずつ違います。お店では圧力鍋を使っていますが、わざわざ買う必要はありません。お持ちのものを使って炊いてください。

また、白米同様にたっぷり炊いたほうがおいしいし、冷凍保存もできます。多めに炊き、残ったものは一食ずつラップに包んで冷凍庫に入れておくと便利です。

では、玄米を炊いてみましょう！

水は多少にごっても問題ありません。ざるに上げる方式でも大丈夫。

とぐ

玄米は白米ほどとぐ必要はありません。というよりも、せっかくの殻や胚芽が取れてしまってはもったいないので、さっとで大丈夫。ボウルに玄米を入れて水を入れ、手をくるくる回して洗い、にごった水を捨てます。最初の水は吸い込みやすいので、浄水器を通した水やきれいな水を使いましょう。これを2〜3回繰り返し、ざるに上げ、ゴミやもみ殻、傷んだ米があれば除きます。やわらかいごはんが好きなら少しもみ洗いしてもOKです。

浸す

玄米最大のポイントです。分量の水と塩ひとつまみ、玄米を鍋に入れてそのまま浸水します。圧力鍋を使うなら少し短くてもOKですが、炊飯器や土鍋の場合は6時間以上浸しましょう。玄米は生きているので常温に置いておくとちょこんと芽が出ることがありますが、これは逆に栄養価がアップ。発芽玄米が食べたい場合は、常温に置きましょう。ただし、夏場は腐敗しやすいので注意してください。

セラミック製の「マスタークック」は玄米炊飯に最適。栓もセットになっています。

炊く

●**圧力鍋の場合　水：玄米の1.3〜1.5倍**
お店では圧力鍋を使っています。浸水時間が少しくらい短くても大丈夫なのも魅力です。沸騰して圧力鍋のピンが上がってきたらその状態のまま1分炊き、弱火にしてさらに20分炊きます。火を止め、15分蒸らします。

●**炊飯器の場合　水：玄米の1.8〜2倍**
ご家庭にいちばん多い炊飯器ですが、最近は玄米モードもあって便利です。玄米モードがなければ白米モードで炊き、かたそうなら水を少量足してもう一度炊きます。

●**土鍋の場合　水：玄米の1.3〜1.7倍**
最近はごはん用の土鍋を使っている人も多いようです。玄米を炊く場合は問題がひとつ。ふたの穴から噴きこぼれないよう、栓をする必要があります。浸水した玄米入りの鍋を強火にかけ、沸騰したら弱火に、そして鍋のふたに栓をして30分炊きます。最後に30秒ほど火を強め、一旦ふたを開けて水けを飛ばして再度ふたをし、10分蒸らします。

玄米の魅力、もっと知りたい！

　白米は現在主食の主流ですが、日本の食文化を振り返ってみると、玄米を食べていた時代のほうがどんなに長いことか。つまり、そもそも日本人の主食は玄米なのです。

　白米は、玄米からぬかと胚芽を除いたものです。水に入れておくと玄米は芽が出るのに対し、白米は腐敗するだけです。つまり、玄米は生きている「実」。殻ごと食べることでビタミンB群、食物繊維、ビタミンE、鉄、ナイアシンなど、現代人に不足しがちな成分を摂ることができます。特に、米の主成分である糖質自体を代謝するビタミンB_1が豊富なのは魅力です。

　玄米はデトックス力も強い食材です。現代社会でいつの間にか摂ってしまっている有害ミネラルを、フィチン酸という成分が吸着して排出させます。なお、フィチン酸が鉄を吸着してしまう場合があるので、貧血気味の方は日常的な玄米食は控えたほうがいいかもしれません。

実身美に通ってよかった! お客様の声

実身美に通うファンのなかには、食べ続けることで身体が変わった、という人が多くいます。直接お店に行けなくても、ぜひ本書のレシピで実身美の味、そして身体が変わる実感を!

バセドウ病にかかった息子を実身美のランチに通わせたところ、1週間後には甲状腺ホルモンの数値が正常になりました。私自身、身体的にも精神的にも安定をもたらしてもらい、実身美には感謝しかありません。(60代・Oさん・女性)

学生のころから便秘がひどく、お腹にガスが溜まりやすくなり、いつも腹部がどんよりした感じにストレスを感じていました。実身美に通うようになって、すっかり改善されています。現在、妊娠中ですが、やっぱり便秘知らずです。(30代・Sさん・女性)

子供のころからアトピーがあり、社会人になって悪化しました。かゆくて眠れず、ストレスで拒食症にも。そんなときに実身美に出会い、食生活を改善。玄米は敏感になっている私の身体にゆっくりと入ってくるようで、肌がきれいになってきただけでなく、気持ちも満たしてくれます。息子もアトピーなので、実身美で体験した食事を食べさせられるよう頑張って作っています!(30代・Sさん・女性)

いつも仕事で疲れきってしまう毎日でした。3年前、実身美の近くに住むようになって、気軽に食事に行くように。あれほど溜まっていた疲労が改善され、いつもパワーをもらっています。お店自体、心が穏やかになる場所で、私にとっての駆け込み寺です。(70代・Oさん・女性)

オープン当初からのファンです。何度も食事をしているうちにおいしさがよくわかるようになり、今では食生活の一部になっています。この12年間、病気ひとつしないのは実身美のお陰ですね。(70代・Kさん・女性)

大人ニキビや毎年冬になると粉をふいていた手足の乾燥などの肌トラブルが改善され、今では年齢よりも若く見られる肌になりました。(30代・Hさん・女性)

実身美の食事を摂るようになり、−8kgのダイエットに成功。体に悪い添加物や濃い味、においにも敏感になりました。精神的に落ち着き、判断力や集中力もついた気がしています。(30代・Kさん・男性)

第1章

1週間の実身美(サンミ)定食

玄米とたっぷりのおかずを組み合わせた定食は実身美の名物。「こんなに食べていいの!?」と驚く方が続出するほどボリュームがあるのに食後はすっきり。食べ続けることでどんどん身体がよくなります。メインとデリ2品に、玄米ごはんと味噌汁などの汁物を組み合わせて。

じんわり揚げ高野と
野菜のおろし煮定食

スタッフの間でいちばん人気のメニューです。高野豆腐はこのように揚げてから煮ることでもちもち、ジューシーに。野菜のカルパッチョ、食べごたえのあるグラタンとご一緒に。

じんわり揚げ高野と野菜のおろし煮

材料(2人分)

A
- だし汁…1と1/2カップ
- きび砂糖…大さじ1
- みりん…大さじ1
- 薄口醤油…大さじ1/2
- 塩…少々

- 高野豆腐…2枚
- 大根…10cm
- にんじん…1/2本
- 片栗粉…適量

B
- だし汁…2カップ
- きび砂糖…小さじ1と1/2
- 濃口醤油…小さじ1
- 酒…小さじ1

C
- だし汁…1/2カップ
- 濃口醤油…大さじ3
- みりん…大さじ2
- きび砂糖…大さじ1

- 米油(揚げ油)…適量
- なす(小)…1本
- パプリカ(赤)…1/4個
- ピーマン…1/2個
- かぼちゃ…7〜8mmのスライス2枚
- オクラ…2本
- 大根おろし…適量
- みょうが…適量
- 三つ葉…適量

疲労回復　ストレス

作り方

1. 鍋にAを煮立て、高野豆腐を戻さずに入れ、ふたを少しずらして弱めの中火で15分ほど煮る。
2. 大根とにんじんは乱切りにする。1と別の鍋にBを入れ、大根とにんじんを煮含める。
3. つゆを作る。Cを小鍋に入れ、砂糖が溶けるまで煮る。
4. 1の高野豆腐は4等分して軽く水けをきり、片栗粉をまぶして170℃の油でサクッと揚げる。
5. なすは輪切りに、パプリカはくし形に切り、ピーマンは種を除かずにくし切りにする。オクラはさっとゆでて縦半分に切る。
6. 5とかぼちゃを4と同様に素揚げする。
7. 器に2を盛り、4と6を盛り合わせ、大根おろし、温めた3を合わせてかける。ザク切りにした三つ葉とせん切りにしたみょうがを添える。

トマトともずくの和風カルパッチョ

材料 (2人分)
トマト…1/2個
大根…20g
もずく…10g

ドレッシング
- 梅干し…1/2個
- 大葉…1枚
- 米酢…大さじ1
- 米油…大さじ2
- きび砂糖…少々
- 塩、白こしょう…各少々

作り方
1. ドレッシングを作る。梅干しは種を除いて叩く。大葉はみじん切りにする。酢を容器に入れ、米油を少しずつたらし、その都度混ぜる。梅干し、残りの材料を混ぜる。
2. トマトは半月切り、大根はスライサーで薄い半月切りにする。
3. 皿に2を並べ、もずくを添え、ドレッシングをかける。

抗酸化・デトックス

疲労回復

はと麦とバジルのポテトグラタン

材料 (2人分)
じゃがいも（小）…2個
塩、白こしょう…各少々
はと麦…10g

フレッシュバジルの葉…3枚
ピザ用チーズ（とけるタイプ）…適量

ホワイトソース
- たまねぎ…1/4個
- 米油…小さじ2
- 薄力粉…小さじ2
- 豆乳…1/2カップ
- きび砂糖…小さじ1
- 塩、白こしょう…各少々

作り方
1. じゃがいもはよく洗い、竹串がすーっと通るくらいまで蒸す。ボウルに入れてマッシュし、塩、こしょうをふる。オーブンは200℃に予熱する。
2. はと麦はよく洗い、たっぷりの湯でやわらかくなるまでゆで、湯をきる。
3. ホワイトソースを作る。たまねぎは薄切りにする。フライパンに米油を熱し、たまねぎをしんなりするまで炒め、薄力粉を加える。なじんだら豆乳を少しずつ加えてのばす。きび砂糖、塩、白こしょうで味をととのえる。
4. 3に2のはと麦、みじん切りにしたバジルを加えてあえる。
5. 耐熱容器にじゃがいもを広げ、4、チーズを重ね、オーブンで10分ほどこんがりするまで焼く。

鶏肉と野菜の治部煮
わさび添え定食

「治部煮」は金沢の郷土料理。なめらかな舌触りに、わさびがピリッと効いています。さっぱりしたごまあえ、濃厚な紫キャベツマリネを組み合わせて和の趣に。

鶏肉と野菜の治部煮　わさび添え

（疲労回復）

材料（2人分）
大根…3cm
にんじん…1/3本
たまねぎ…1/4個
しいたけ…2枚
れんこん…1cm
鶏もも肉…1/2枚
小松菜…適量
だし汁…1と1/2カップ
片栗粉…適量

B
┌ 濃口醤油…大さじ2
│ 酒…大さじ1と1/2
│ みりん…大さじ2
└ きび砂糖…大さじ1と1/2

わさび…適量

だし汁
┌ 水…500ml
│ 昆布…5cm×10cm
└ かつおぶし…ひとつかみ
※材料を合わせてひと晩漬けておく。

作り方
1. 大根はいちょう切り、にんじんは乱切り、たまねぎはくし切りにする。しいたけは軸を取る。れんこんは厚さを半分に切る。鶏肉はひと口大に切る。小松菜はさっとゆでて食べやすく切る。
2. だし汁のうち1カップで大根、にんじん、れんこんをやわらかくなるまで煮る。
3. 残りのだし汁にBを入れて沸騰させ、たまねぎとしいたけを入れて煮る。
4. たまねぎとしいたけを取り出し、片栗粉をまぶした鶏肉を入れて煮る。
5. 器にすべて盛り合わせ、わさびを添える。

切り干し大根と三つ葉のごまあえ

（ダイエット）

材料（2人分）
切り干し大根（乾燥）…50g
こんにゃく…50g
塩…適量
にんじん…1/4本
三つ葉…4本

B
┌ 白炒りごま…大さじ5
│ 白練りごま…大さじ1と1/2
│ きび砂糖…小さじ1
└ 豆乳…大さじ1と1/2

A
┌ だし汁（「鶏肉と野菜の治部煮　わさび添え」で取った残り）
│ 　…3/4カップ
│ 薄口醤油…大さじ1と1/2
│ みりん…大さじ3と1/2
└ ごま油…大さじ1/2

作り方
1. 切り干し大根は水で戻し、絞る。こんにゃくは塩をふってもみ、ゆでてから細切りにする。にんじんは細切りにする。三つ葉は3cmに切る。
2. Aを鍋に入れて煮立て、三つ葉以外の1をすべて入れ、好みの加減に煮る。
3. ボウルにBを入れて混ぜ、水けをきった2を加えてあえ、仕上げに三つ葉を混ぜる。

プルーン寒天と紫キャベツのマリネ

（酵素・発酵食品）

材料（2人分）
紫キャベツ…30g
たまねぎ（小）…1/4個
にんじん（小）…1/4本
水菜…適量
プルーン寒天…右記の全量

A
┌ きび砂糖…10g
│ 酢…小さじ2
│ 塩…ひとつまみ
└ オリーブオイル小さじ1/2

作り方
1. 紫キャベツは1cm角に、たまねぎは薄切りに、にんじんはせん切りに、水菜は幅2cmに切る。プルーン寒天は1.5cm角に切る。
2. ボウルに紫キャベツ、たまねぎ、にんじん、Aを入れ、よくもみ込む。
3. 2にプルーン寒天を加えて軽く混ぜる。

●プルーン寒天

材料（2人分）
ドライプルーン…4粒　　きび砂糖…小さじ1
水…3/4カップ　　寒天（粉末）…2g

作り方
1. ドライプルーンは種を除き、包丁で叩く。
2. 鍋に分量の水、きび砂糖、寒天を入れて火にかけ、沸騰したら弱火で2分ほど煮て寒天を溶かす。
3. 火を止めて1を加えて混ぜ、好みの型に流し入れて冷やし固める。

鶏肉と野菜の豆乳クリームシチュー

疲労回復

材料(2人分)
- 鶏もも肉…1/2枚
- 塩、白こしょう…各少々
- たまねぎ(小)…1/4個
- キャベツの葉…1枚
- かぼちゃ…40g
- にんじん…1/4本
- しめじ…1/4パック
- スナップえんどう…2本
- 水…3/4カップ
- 塩…少々
- 無添加洋風だしの素…小さじ1/4
- 濃口醤油…小さじ1
- 白味噌…大さじ1
- 無調整豆乳…3/4カップ
- 米粉…大さじ1/2
- 水…大さじ1
- イタリアンパセリ…適量
- あれば、えごま油(またはエキストラバージンオリーブオイル)…少々
- パプリカパウダー…少々

作り方
1. 鶏肉は4等分して塩、こしょうをふる。たまねぎとキャベツは3cm角、かぼちゃは2cm角、にんじんは小さめの乱切りにする。しめじは軸を取ってほぐす。スナップえんどうは筋を取ってさっとゆでる。
2. 鍋に1と分量の水を注ぎ、ふたをして弱めの中火にかける。
3. 野菜がやわらかくなったら塩、だしの素、醤油、白味噌、豆乳を加える。
4. 再度沸騰しそうになったら、水大さじ1で溶いた米粉を加えてとろみをつける。
5. 器に盛り、スナップえんどう、イタリアンパセリをのせ、えごま油とパプリカパウダーをふる。

アボカドと納豆の生春巻き

酵素・発酵食品

材料(2人分)
- 生春巻きの皮…2枚
- サニーレタス…1枚
- アボカド…1/4個
- にんじん…20g
- 赤パプリカ(小)…1/8個
- 大葉…2枚
- 納豆…大さじ2
- ブロッコリースプラウト…1/2パック
- 亜麻仁油と大根おろしのジンジャーソース(P.46参照)…適量

作り方
1. 生春巻きの皮は水で戻す。サニーレタスは半分にちぎる。アボカドは厚さ1cmのくし切りに、にんじんとパプリカはせん切りにする。
2. 生春巻きの皮を広げ、サニーレタス、大葉、アボカド、納豆、ブロッコリースプラウト、にんじん、パプリカを半量ずつ順に置き、巻く。残りも同様に巻く。
3. 亜麻仁油と大根おろしのジンジャーソースを添える。

ごぼうとれんこんのバルサミコ炒め

ダイエット

材料(2人分)
- れんこん…75g
- ごぼう…1/3本
- 米油…大さじ1/2
- 塩…少々
- バルサミコ酢…大さじ1
- きび砂糖…小さじ1
- 濃口醤油…大さじ1/2
- ピンクペッパー(粒)…少々

作り方
1. れんこんは半月切り、ごぼうはやや厚めのささがきにする。
2. フライパンに米油を熱し、1に塩をふって炒める。
3. 火が通ったらバルサミコ酢、きび砂糖、濃口醤油を加えてさらに炒める。
4. 器に盛り、ピンクペッパーをふる。

鶏肉と野菜の
クリームシチュー定食

このシチューは、生クリームも小麦粉も使わずに作ります。グルテンフリーで、奥深いコクがあるんです。発酵食の納豆やバルサミコ酢の料理と組み合わせて。

玄米甘酒のトマトソースを使ったごろっとキャベツ煮定食

甘酒と野菜の甘さが効いているから、メイン料理はシュガーフリー。野菜中心の小鉢を添えていただけば、ダイエット中にぴったり。お腹いっぱい食べても罪悪感がありません。

玄米甘酒のトマトソースを使ったごろっとキャベツ煮

 抗酸化・デトックス / ダイエット

材料 (2人分)
キャベツ…400g
しめじ…1/2パック
エリンギ…1/2パック
オリーブオイル…少々
甘酒トマトソース (P.64参照)…半量
豚挽き肉…50g
スナップえんどう…2本

作り方
1. キャベツは芯を残したまま大きめにくし切りにする。しめじは軸を取ってほぐす。エリンギは食べやすく切る。スナップえんどうは筋を取ってさっとゆでる。
2. フライパンにオリーブオイルを熱し、1のキャベツを焼き色がつくまで焼く。
3. 2を鍋に入れ、甘酒トマトソースをかけ、中火で30分ほど煮る。
4. 2のフライパンで豚挽き肉、しめじ、エリンギを軽く炒め、3に加える。
5. 皿に盛り、真ん中から開いたスナップえんどうを添える。

れんこんのひじき煮 梅しょうが風味

ダイエット / ストレス

材料 (2人分)
乾燥ひじき…8g
れんこん…25g
鶏もも肉…1/4枚
にんじん…1/4本
油揚げ…1/4枚
ごま油…適量

A
- 大豆の水煮…25g
- ひじきの戻し汁…70ml
- 酒…大さじ1/2
- みりん…大さじ1/2
- 醤油麹…大さじ1/2
- きび砂糖…小さじ1/4

しょうが…1/2片
梅干し…1個
大葉…1枚

作り方
1. 乾燥ひじきは120mlほどの水 (分量外) で戻し、洗って、長いようならはさみで切る。れんこんは半月切りにして酢水 (分量外) にさらしておく。鶏肉は2cm角、にんじんと油揚げは細切りにする。
2. 鍋にごま油を熱し、にんじんと鶏肉を中火で炒める。鶏肉の色が変わったら、1の残りとAを加え、落しぶたをして10分ほど煮る。
3. しょうがをみじん切りにし、梅干しは種を除いて包丁で叩き、合わせる。
4. 器に2を盛り、3をのせ、せん切りにした大葉を添える。

なすといんげんの赤衣あえ

 抗酸化・デトックス / ダイエット

材料 (2人分)
なす…1/2本
いんげん…2本
たまねぎ…1/4個
塩…小さじ1/4

赤衣
- 赤ピーマン…1/2個
- 白すりごま…大さじ1
- みりん…小さじ1
- きび砂糖…小さじ1
- 濃口醤油…小さじ1
- ごま油…小さじ1/2
- 米酢…小さじ1/2
- 水…大さじ1

作り方
1. 赤衣を作る。赤ピーマンはみじん切りにし、すべての材料を混ぜる。
2. なすは半月切りにし水 (分量外) につけてあくを抜く。いんげんはさっとゆでて斜め薄切り、たまねぎはスライスする。
3. 2に塩をふってよくもむ。
4. 器に盛り、赤衣をかける。

高野豆腐ともちきびのもちもちハンバーグ

材料 (2人分)

A
- 高野豆腐…1/2枚
- もちきび…20g
- 木綿豆腐…1/2丁
- 白玉粉…15g
- パン粉…大さじ2
- 酒…小さじ1
- きび砂糖…小さじ1/4
- 濃口醤油…少々
- 塩…ひとつまみ
- 白こしょう…少々

米油…少々

ソース
- たまねぎ…1/2個
- みりん…大さじ2
- 濃口醤油…大さじ2
- 米酢…大さじ1
- きび砂糖…小さじ1
- 片栗粉…小さじ1
- 水…小さじ1

作り方

1. ソースを作る。たまねぎは粗みじん切りにする。片栗粉と水以外の材料をすべて鍋に入れて煮立て、たまねぎに火が通ったら水溶き片栗粉を入れてとろみをつける。
2. ハンバーグを作る。Aの高野豆腐はフードプロセッサーでミンチ状にする。もちきびはたっぷりの湯でやわらかくなるまでゆで、水けをきる。
3. Aをすべて練り混ぜ、2等分して小判形にまとめる。
4. フライパンに米油を熱し、3を両面がこんがりするまで焼く。皿に盛り、ソースをかける。

豚肉入りなすとピーマンのジンジャー炒め

材料 (2人分)

- 豚バラ肉（または豚挽き肉）…40g
- なす…1本
- ピーマン…2個
- にんにく…1/2片
- 長ねぎ…4cm
- 米油…適量
- サンチュ…2枚

A
- 水…40ml
- しょうが…1/2片
- きび砂糖…小さじ1
- 醤油…小さじ1
- みりん…小さじ1
- 酒…小さじ1
- 麹味噌…小さじ1と1/2

作り方

1. 豚肉は幅3cmに切る。なすは乱切りに、ピーマンは種を残したまま6等分に切る。にんにくと長ねぎはみじん切りにする。
2. フライパンに米油を熱し、にんにくと長ねぎを炒める。香りが立ったら豚肉も加えて炒める。
3. 豚肉に火が通ったらなすを加えて炒め、油がなじんだらAをすべて加える。ふたをして強火で煮る
4. 煮詰まる寸前にピーマンを加え、煮絡める。

かぼちゃとさつまいものココナッツミルクサラダ

（ストレス）

材料 (2人分)

- かぼちゃ…50g
- さつまいも…80g
- 塩…適量
- パイナップル…40g
- ココナッツミルク…小さじ2
- ココナッツミルク（仕上げ用）…適量

アーモンドスライス…適量

作り方

1. かぼちゃとさつまいもは皮付きのまま3cm角に切り、塩をふって蒸すか、塩を加えたひたひたの湯でゆでる。やわらかくなったらざるに上げて冷まし、粗くつぶしながら混ぜる。
2. 角切りにしたパイナップルとココナッツミルク小さじ2をさっと混ぜて器に入れ、1を盛り、仕上げ用のココナッツミルクをかけ、フライパンでから煎りしたアーモンドスライスを散らす。

高野豆腐ともちきびのハンバーグ定食

高野豆腐はサーロインステーキよりもたんぱく質が豊富。ハンバーグだっておいしく作れる優秀食材です。デザートのようなサラダとしょうが焼き的な小鉢で満足度高し！

さわらと野菜の包み焼き定食

包み焼きは素材の旨味と栄養を逃しません。出てきた汁に栄養が残っているのでスープのように飲んでみて。根菜やおからといった繊維質もたっぷり摂れるセットです。

さわらと野菜の包み焼き

材料 (2人分)
- さわらの切り身…2切れ
- 塩麹…大さじ1
- キャベツ…1枚
- たまねぎ…1/4個
- 長いも…2cm
- パプリカ(黄色)…1/8個
- しめじ…1/8パック
- えのきだけ…1/8パック
- グリーンアスパラガス…2本
- 大葉味噌(P.64参照)…大さじ2
- プチトマト…2個
- 酒…大さじ2
- 塩…少々

作り方
1. さわらは塩麹をまぶし、ひと晩置く。
2. キャベツは4cm角、たまねぎは薄めのくし切り、長いもは皮をむかずに厚さを半分に、パプリカは細切りにする。しめじとえのきだけは軸を取ってほぐす。アスパラガスはかたいハカマを除き、半分に切る。オーブンは200℃に予熱する。
3. クッキングシートを広げ、キャベツとたまねぎを敷き、さわらをのせて、大葉味噌をかける。パプリカ、しめじ、えのきだけ、アスパラガス、プチトマトをのせ、酒と塩をふってキャンディのように両端をねじって包む。
4. オーブンで15〜20分ほど焼く。

キヌアとおからのポテトサラダ風

材料 (2人分)
- キヌア…大さじ2
- トマト…1/2個
- にんじん…1/3本
- セロリ…1/3本
- きゅうり…1/3本
- 塩…少々
- 枝豆…5個
- オリーブオイル(炒め用)…大さじ1と1/2
- おから…100g

A
- 豆乳…1カップ
- 米酢…大さじ1と1/2
- 白味噌…大さじ1/2
- 濃口醤油…少々
- きび砂糖…大さじ1/2
- 塩…少々

- オリーブオイル(仕上げ用、できればエキストラバージンオリーブオイル)…1/4カップ

作り方
1. キヌアは表示通りにゆでて水けをきる。
2. トマトは1cm角に、にんじんはいちょう切りに、セロリは斜め薄切りにする。きゅうりは輪切りにして塩もみする。枝豆はさっとゆでてさやから出す。
3. フライパンにオリーブオイル(炒め用)を熱してにんじんを炒め、火が通ってきたらおからを加えて炒める。
4. Aを加え、水分がなくなるまで中火で煮る。
5. 火から離し、仕上げ用のオリーブオイルを絡めて冷ます。
6. 残りの野菜、キヌアを加えて混ぜる。

ピーマンとれんこんの花椒きんぴら

材料 (2人分)
- れんこん…50g
- にんじん…1/5本
- ピーマン…2個
- にら…2本
- 糸こんにゃく…50g
- ごま油…小さじ1

A
- 酒…小さじ1
- みりん…小さじ1
- 濃口醤油…小さじ1
- きび砂糖…小さじ1/2
- 花椒(粉末)…ひとつまみ
- 塩…少々
- 白炒りごま…適量

- かつおぶし…1/2パック

作り方
1. れんこんは半月切りにして酢水(分量外)にさらしてアクを抜き、にんじんとピーマンは細切り、にらは幅2cmに切る。糸こんにゃくは食べやすく切る。
2. 鍋にごま油を熱し、れんこんとにんじんを中火で軽く炒める。油がまわったらA、糸こんにゃく、にらを加えて炒める。味をみて塩でととのえる。
3. 器に盛り、かつおぶしをのせる。

サーモンの塩麹ムニエル定食

鮭の赤色は抗酸化作用の高いアスタキサンチンです。脂質には脳にいいとされるオメガ3が豊富、たんぱく質も良質です。豆の煮物は多めに作っておいてもいいですね。

サーモンの塩麹ムニエル

材料 (2人分)

豆腐タルタルソース
- 木綿豆腐…80g
- たまねぎ…1/8個
- 塩…少々
- にんじん…15g
- きゅうりのピクルス…20g
- きび砂糖…5g
- 米酢…大さじ1/2
- ハーブソルト、白こしょう…各少々

生鮭切身(無塩)…2切れ

A
- 塩麹…小さじ1
- バジル(粉末)…適量
- 白こしょう…適量
- 片栗粉…適量
- オリーブオイル…適量
- 白ワイン…大さじ1/2

作り方

1. 豆腐タルタルソースを作る。豆腐は20〜30分ほど重しをして水きりする。たまねぎ、にんじん、ピクルスはみじん切りにする。たまねぎは塩もみし、10分ほど水にさらし、水けをしぼる。豆腐、きび砂糖、米酢をミキサーにかけてペースト状にし、野菜類、ピクルスを合わせ、ハーブソルト、白こしょうで味をととのえる。
2. 鮭の両面に**A**を混ぜたものを塗り、片栗粉をまぶす。
3. フライパンにオリーブオイルを熱し、2を中火で焼く。焼き色がついたら裏返して白ワインを加えてふたをし、蒸し焼きにする。
4. 皿に盛り、1の豆腐タルタルソースを添える。

疲労回復　酵素・発酵食品

酵素・発酵食品

夏野菜とおろし大根のハニーマリネ

材料 (2人分)

- ゴーヤ…1/8本
- 塩…少々
- ピーマン、赤ピーマン…各1/2個
- なす…1/2本
- たまねぎ…1/4個
- 大根…25g

A
- はちみつ…大さじ2
- 酢…大さじ1
- オリーブオイル…大さじ1/2
- きび砂糖…小さじ1/2
- 塩、黒こしょう…各少々

作り方

1. ゴーヤは縦半分に切ってスプーンでワタと種を除く。薄切りにし、塩もみして5分ほど水にさらす。ピーマンは縦に4等分し、種を除いて幅8mmに切る。なすは半月切りにし水にさらしてアクを抜く。たまねぎは細めのくし切りにする。大根はおろす。
2. ボウルに**A**をよく混ぜ、1をすべて入れ、もみ込んで冷蔵庫で1時間ほど冷やす。

豆と野菜のスパイシー煮

材料 (2人分)

キドニー豆（乾燥）…30g
大豆（乾燥）…30g
ひよこ豆（乾燥）…30g
たまねぎ…1/2個
にんにく…1片
セロリ…1/2本
にんじん…1/4本
ピーマン、赤ピーマン…各1個
米油…大さじ1
水…2カップ
トマトの水煮（ダイスカット）…120g

A
- りんごジュース（果汁100%のもの）…3/4カップ
- 濃口醤油…大さじ1
- トマトケチャップ…大さじ1と1/2
- カレー粉…小さじ1
- きび砂糖…大さじ1
- 米酢…大さじ1/2
- 塩…小さじ1
- 白こしょう…少々
- ローリエ（乾燥）…1枚

抗酸化・デトックス　ダイエット

作り方

1. 豆類はひと晩水（分量外）に浸して戻す。たまねぎとにんにくはみじん切りに、セロリは薄切りに、にんじんは7mm角に、ピーマンは5mm角に切る。
2. 鍋に米油とにんにくを入れて炒め、香りが立ったらたまねぎを加えてさらに炒める。
3. たまねぎがきつね色になったらにんじんとセロリを加えて炒め、豆類を加えてなじませる。
4. 水を加えトマトの水煮、Aを入れ、1時間から1時間半ほど豆がやわらかくなるまで煮る。
5. 火を止め、ピーマンを入れて余熱で火を通す。

> 実身美スタッフおすすめ！

調味料&常備品リスト

食事から身体を変えたいなら、まずは毎日使う調味料や油、常備品を見直してみてはいかがでしょうか。健康的で安心なだけでなく、毎日自然から生まれた優しい味の料理を食べることで「食べる」ということをしみじみ楽しめるようになるはずです。ここでは、実身美と、実身美で働くスタッフがおすすめする愛用品をご紹介します。

基本の調味料

醤油や酢、みりんは日本古来の発酵調味料です。化学調味料はもってのほか、添加物を含まず、麹を使った自然の発酵で造られたものを選んでください。時間をかけてじっくりと発酵させている調味料は旨味が豊かで、ほかの素材の味を引き出してくれます。

①普通の酢よりもまろやかな味が特徴。「臨醐山黒酢」900ml ¥1000＋税／内堀醸造 TEL0574-43-1185　②特に寿司飯をおいしく作れる。店では寿司酢の材料として使用。「三州三河みりん」700ml ¥1020＋税／角谷文治郎商店 TEL0566-41-0748　③京都名物ともいえる千鳥酢。江戸時代から続く製法で酢を米から仕込む。「京酢　加茂千鳥」360ml ¥420＋税／村山造酢 TEL075-761-3151　④厳選した丸大豆特有の豊かな風味と深い味わいが特徴の"本醸造丸大豆醤油"。「純むらさき」 1.8L ¥1060＋税／チョーコー醤油 ☎0120-040-500

砂糖・蜜

白砂糖は精製する際、白米と同じように多くの栄養が失われています。だから実身美では白砂糖を使用しません。きび砂糖は、搾ったきびの汁から作るもので、ミネラルが豊富。はちみつは酵素が活きた調味料なので砂糖の代わりに使っても。

①大正時代から続く製法で作られる、国産の花々の蜜を使ったはちみつでスタッフの愛用品。「国産花々の蜜」250ｇ ¥1620（税込）／水谷養蜂園 ☎0120-83-1838　②ジンジャーエールのもとになるだけでなくマリネなどにも。スタッフ愛用品。「ゆきさんの黒糖ジンジャーシロップ」120ml ¥1000＋税／ハワイアン・グロット TEL0980-88-8638　③店で使っている定番のきび砂糖。蜜分の甘い香りとミネラル分が豊か。「あいのう　モラセスシュガー」1kg ¥374（税込）／大阪愛農食品センター TEL072-270-5411　④国内で採れた蜜をブレンドしたはちみつはスタッフのおすすめ品。「日新純粋国産山の郷はちみつ」150ｇ ¥870＋税／日新蜂蜜 TEL0584-64-4111

塩

「塩梅」ということばがあるくらい、料理を左右するのが塩。必ず「自然塩」を使います。ただ、自然塩はにがりが多すぎると料理の味に影響が出るので注意して。質感がしっとりし、ほんのりと甘いものを選びます。また、ハーブ入りの自然塩も持っていると便利です。

①スタッフたちがこぞって使う塩。ミネラルが豊富で味に深みがある。「海人の藻塩」100ｇ ¥500＋税（参考価格）／蒲刈物産 TEL0823-70-7021　②ゲランドの自然塩にバジルやローズマリーなどのオーガニックハーブをミックス。「セル マリン ハーブ」100ｇ ¥593＋税／ナック TEL027-235-3088　③旨味のバランスがよく、使いやすい塩。「沖縄の塩　シママース」1kg ¥320＋税／青い海 TEL098-992-1140

乾物

乾物もまた、ヘルシーなようで添加物が多く含まれているケースがあり、国産は貴重です。できるだけ国産、天日干しのものを選ぶようにしましょう。天日で干した乾物は太陽を浴びているためビタミンＤが豊かになっています。旨味も凝縮されていますよ。

①長野県で糸寒天を主に扱うメーカー。糸寒天はすぐに戻るので味噌汁の具に入れたり、酢の物、煮溶かして寒天としても使える。「天然糸かんてん」100ｇ ¥980＋税／小笠原商店 TEL0265-73-1670　②国産、天日干しの干ししいたけ。原料のしいたけは原木栽培。「天日干椎茸　香信」40ｇ ¥890＋税／ユーサイド ☎0120-66-3181

油

　油はとても重要です。マーガリンやショートニングなどに多く含まれるトランス脂肪酸は体に有害。基本的に植物から搾油された精製していないものを選びましょう。実身美では米油と菜種油をベースに、香りのいいオリーブオイルやココナッツオイルなども使っています。

①コレステロールを含まず、オレイン酸が豊富。スタッフのお気に入り。「オーフス アーモンドオイル」230ｇ ￥800＋税／鈴商　TEL03-3225-1161　②ノンフィルター製法のオリーブオイルは、料理の仕上げに使う贅沢オイル。「オリーブジュース100％オイル キヨエ」200ｇ ￥1950＋税／バロックス　0120-55-8694　③実身美の基本の油。香りがなくさっぱりしてるので汎用性も高い。「こめ油」1.5kg　￥860＋税／築野食品工業　0120-818-094　④話題のココナッツオイルはお菓子作りに。はちみつとともにトーストに塗るのもおすすめ。「エキストラバージンココナッツオイル」436ｇ ￥3000＋税／ココウェル　0120-01-5572　⑤個包装なので、スープやドレッシングにプラス。携帯するスタッフも多数。「毎日えごまオイル」4ｇ×30袋　￥1500＋税／太田油脂　0120-313-577

　味噌にはさまざまな種類があります。基本で使っているのは麹味噌や麦味噌。白味噌は豆腐チーズを作るときに欠かせないし、風味がはっきりした八丁味噌も味のアクセントに。甘酒は「飲む点滴」と言われるほど栄養豊富で、素材を漬けることもあります。

①米麹と米を発酵させることで生まれる甘味を料理に使う。「玄米あま酒」400ｇ　￥450＋税／名刀味噌本舗　TEL0869-26-2065　②砂糖を添加するメーカーが多いなか、こちらは米と米麹のみを原料に豊かな甘味を出す。「国産　白みそ」250ｇ　￥270（税込）／マルクラ食品　TEL086-429-1551　③農薬も化学肥料も使わずに育てた有機大豆を使って仕込み、2年以上熟成した。「有機　八丁味噌」300ｇ　￥648（税込）／カクキュー　TEL0564-21-0151　④国内産はだか麦をふんだんに使った味と香りは逸品です！「長崎みそ」1kg　￥700＋税／チョーコー醤油　0120-040-500

味噌＆甘酒

第 2 章

ひと皿で完結する玄米ごはん

定食を作る時間がない、軽く済ませたい、という人には丼やドリアなど、ひと皿で食事が完成する玄米ごはんを。野菜をたくさん使って食べごたえは抜群。ひと皿でも栄養バランスがいいので、こちらとできれば汁物を添えれば充実した一食になるはずですよ。

玄米ちらし寿司

白米に比べて玄米はそれ自体の栄養が豊富なため、野菜中心のトッピングでもバランスのいい一食に。もちもちした玄米は寿司飯にするとまた新しい魅力が生まれるのです。

材料 (2人分)

れんこん (小)…1/6節
寿司酢…適量

にんじん…1/3本
生しいたけ…2枚
だし汁…1カップ
濃口醤油…大さじ1
きび砂糖…8g
米酢…1〜2滴

枝豆 (さやごと)…20g
塩…適量

むきえび…4尾
酒…小さじ4
みりん…小さじ1

卵…2個
だし汁…大さじ1
きび砂糖…小さじ1
薄口醤油…小さじ1
塩…ひとつまみ
米油…適量

プチトマト…2個
大葉…2枚
三つ葉…4本
玄米ごはん…300g
寿司酢…大さじ3〜5
白炒りごま…大さじ2

● 寿司酢

材料 (作りやすい量)

米酢…1カップ
煮切りみりん…大さじ3
きび砂糖…大さじ3
塩…小さじ1と1/2
昆布…5g

※材料を鍋に入れて煮立て、きび砂糖と塩が溶けたら火を止めて冷ます。

作り方

1 れんこんは薄切りにしさっとゆで、適量の寿司酢に30分ほど漬けて下味をつける。
2 にんじんは短冊切り、しいたけは半分に切る。だし汁、濃口醤油、きび砂糖、酢を小鍋に入れて煮立て、にんじんとしいたけを入れて5〜6分煮て冷ます。
3 枝豆は塩を加えた湯でさやごとさっとゆでてざるに上げ、冷めたらさやから出しておく。
4 えびはさっとゆでる。小鍋に酒とみりんを入れてアルコールを飛ばし、えびを漬けて冷めるまで置く。
5 卵をボウルに割り入れ、だし汁、きび砂糖、薄口醤油、塩を加えて混ぜる。フライパンに米油を熱し、薄焼きにして錦糸卵を作る。
6 プチトマトは半分に、大葉は刻む。三つ葉は結び三つ葉にする。
7 玄米ごはんに寿司酢とごまを混ぜて寿司飯を作る。
8 寿司飯を器に盛り、1〜6をのせる。

ストレス

車麩と野菜の南蛮丼

車麩は植物性たんぱく質を多く含み、揚げるともちもちしてお肉のような食感になるうれしい食材。甘酸っぱいたれを絡めて、たっぷりの野菜と一緒に食べる大満足のベジ丼です。

材料 (2人分)
車麩…1枚
ピーマン（緑、赤）…各1個
エリンギ…1/2本
長いも…4cm
しめじ…1/4パック
大葉…2枚
しょうが…1/2片
片栗粉、ごま油…適量

A
- 水…3/4カップ
- 無添加和風だしの素…小さじ1/2
- 薄口醤油、みりん…各小さじ2

南蛮だれ
- 濃口醤油…大さじ1と1/2
- 米酢…大さじ1と1/2
- きび砂糖…大さじ1
- 白すりごま…大さじ1/2

玄米ごはん…適量

作り方
1 車麩、ピーマン、エリンギは4等分に、長いもは輪切りにする。しめじは軸を取ってほぐす。大葉としょうがはせん切りにする。
2 Aを混ぜ、車麩を入れて戻す。
3 南蛮だれを作る。小鍋にごま以外の材料を入れて火にかけ、砂糖が溶けたら火からはずし、ごまを加えて混ぜ、冷ます。
4 水けを絞った車麩と長いもに片栗粉をまぶす。
5 フライパンにごま油を多めに熱し、4を入れて両面をこんがり焼く。ピーマン、きのこも焼く。
6 丼に玄米ごはんを盛る。5を3のたれにくぐらせて盛り付け、好みで残りの南蛮だれもかける。大葉としょうがを添える。

玄米タコライス

沖縄名物・タコライス。香りよく仕上げ、酸味を効かせることで暑い季節でも食欲がわくでしょう。香味野菜を効かせたトマトたっぷりのサルサソースは消化と代謝を促進します。

材料 (2人分)

ミートソース
- しょうが…1/2片
- たまねぎ…1/4個
- 米油…適量
- 鶏挽き肉…100g
- ウスターソース…小さじ2
- トマトケチャップ…小さじ2
- きび砂糖…小さじ1/2
- 塩、白こしょう…各適量

- レタス…1/4個
- きゅうり…1/4本
- 大葉…1枚
- ピザ用チーズ(とけるタイプ)…10g
- 玄米ごはん…適量

フレッシュサルサソース
- たまねぎ…1/4個
- 塩…小さじ1/4
- トマト(中)…1個
- セロリ(大)…1/2本
- にんにく(小、好みで)…1片
- 塩麹…大さじ1
- レモン果汁…大さじ1
- きび砂糖…小さじ1
- 濃口醤油…小さじ1/2
- ゆずこしょう…少々

作り方

1. ミートソースを作る。しょうがはみじん切りに、たまねぎは5mm角に切る。
2. フライパンに米油を熱し、1を炒める。たまねぎに半分くらい火が通ったら、鶏挽き肉を入れ、色が変わったら残りの調味料も加えて炒める。
3. フレッシュサルサソースを作る。たまねぎは5mm角に切り、塩をもみ込み、水で洗って水けをきる。トマトは1cm角、セロリは薄めのスライス、にんにくはみじん切りにする。残りの材料をすべて混ぜる。
4. レタスは細切り、きゅうりと大葉はせん切りにする。
5. 皿に玄米ごはんを平らに盛り、あたためた2のミートソース、レタス、チーズ、3のサルサソース、きゅうり、大葉の順で盛り合わせる。

抗酸化・デトックス / ストレス

なすと長いもの肉味噌ドリア

抗酸化・デトックス　疲労回復

通常のドリアに使うホワイトソースは口当たりはいいのですが、健康のためにはたくさん食べたくありません。西京味噌のコクを活かしたまろやかな味わいで、健康においしく。

材料 (2人分)

- なす…3cm
- 長いも…3cm
- プチトマト…4個
- 青ねぎ…適量
- 玄米ごはん…200g
- 豆乳…2カップ
- 西京味噌…大さじ1と1/2
- 塩、白しょう…各少々
- シュレッドチーズ（溶けるタイプ）…60g
- ごぼうと豚肉の肉味噌（下記参照）…大さじ5
- かつおぶし…適量
- 刻みのり…適量

作り方

1. オーブンは200℃に予熱する。
2. なすと長いもは厚さ5mmに、プチトマトは半分に、青ねぎは小口切りにする。
3. 鍋に玄米ごはんと豆乳を入れてリゾット状になるまで煮て、西京味噌、塩、こしょうを加えて味をととのえる。
4. 3を耐熱容器に入れ、なす、長いも、プチトマトをのせる。中央に肉味噌、チーズをのせ、オーブンで12〜15分ほど、こんがりするまで焼く。
5. 仕上げに青ねぎ、かつおぶし、刻みのりをふる。

● ごぼうと豚肉の肉味噌

材料 (作りやすい量)

- ごぼう…1/2本
- しょうが…1片
- 豚挽き肉…200g
- ごま油…大さじ1
- 黒砂糖…大さじ2
- みりん…大さじ3
- 八丁味噌…大さじ1と1/2
- 麦味噌…大さじ1と1/2

作り方

1. ごぼうとしょうがはみじん切りにする。
2. 鍋にごま油を熱し、豚挽き肉、ごぼう、しょうがを炒める。油が多く出たら捨てる。
3. 調味料をすべて加え、混ぜながら15分ほど煮る。冷まして保存する。

アスパラと塩鮭の玄米チャーハン

玄米は適度な歯ごたえがあるのでチャーハンに向いています。バターやごま油など香りのある油で炒めると、噛めば噛むほどおいしさがしみじみと広がり、栄養も豊富なひと皿になるんです。

疲労回復　ストレス

材料（2人分）

- 塩鮭…1切れ（約80g）
- とうもろこし…1/3本
- グリーンアスパラガス…4本
- 濃口醤油…大さじ1/2
- みりん…小さじ1
- バター…20g（またはごま油…大さじ2）
- 卵…1個
- 塩、白こしょう…各少々
- 玄米ごはん…400g

作り方

1. 塩鮭は焼いてほぐす。とうもろこしは実をはずし、アスパラガスは筋をむいてかたいハカマを除き、幅4cmに切る。醤油とみりんを混ぜる。
2. フライパンにバターの半量を熱し、溶いた卵を入れて炒め、いったん取り出す。
3. 同じフライパンに残りのバターを熱し、とうもろこしとアスパラガスを入れ、塩、こしょうをふって炒める。塩鮭、玄米ごはんを加えて炒め合わせ、2の卵も戻し入れる。
4. 1の醤油みりんをまわし入れて仕上げる。

抗酸化・デトックス / 疲労回復 / 酵素・発酵食品 / ストレス

ベジつくねの
ヘルシー甘辛丼

大豆製品で作るつくねですが、「お肉でしょ?」と言われることも。生の長いものすりおろしは、でんぷんを分解するジアスターゼが豊富で、丼自体の消化を促進!

材料 (2人分)

たれ
- 濃口醤油…大さじ4
- みりん…大さじ6
- 米酢…小さじ1/2
- ごま油…大さじ1/2

つくね
- 高野豆腐…1枚
- れんこん…30g
- 長ねぎ…10g
- にんじん…10g
- 大豆の水煮…60g
- にんにく…少々
- しょうが…少々

A
- 片栗粉…大さじ2
- 薄口醤油…小さじ1/2
- みりん…小さじ2
- 塩、白こしょう…各少々

- 米油 (揚げ油) …適量
- ピーマン…1個
- 赤・黄パプリカ…各1/6個
- グリーンアスパラガス…2本
- にんじんの輪切り…2枚
- 玄米ごはん…300g
- 薬味とろろ (下記参照) …適量
- サニーレタス…1枚
- プチトマト…2個
- 三つ葉…適量
- わさび…適宜

作り方

1. たれを作る。小鍋にごま油以外の材料を入れて火にかけ、2/3量になるくらいまで煮詰め、火からおろしてごま油を混ぜる。
2. つくねを作る。水で戻した高野豆腐、れんこん、ねぎ、にんじんは小さめに切り、大豆、にんにく、しょうがとともにフードプロセッサーにかけ、撹拌する。ボウルに移して**A**を混ぜ、6等分して小判形にまとめ、150℃に熱した米油で揚げる。
3. 食べやすく切ったピーマン、パプリカ、アスパラガス、にんじんを2と同様に素揚げする。
4. 器に玄米ごはんを盛り、たれを絡めた2と3を盛り合わせる。
5. 薬味とろろをかけ、ちぎったサニーレタス、プチトマト、三つ葉、わさびを添える。好みで残りのたれをかけていただく。

● **薬味とろろ**

材料 (作りやすい量)
- 長いも…100g
- 大葉…2枚
- しょうが…10g

作り方
すべてを適当に切り、フードプロセッサーにかけて撹拌する。

鶏肉とかぶの玄米豆乳雑炊

玄米は食物繊維が豊富で、急いであまり噛まずに食べると消化不良になることがあります。胃腸の調子が悪いときなどは栄養価の高い食材を具にした雑炊で、消化のいい一食に。

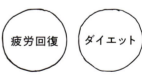

材料(2人分)

- 鶏もも肉…1/4枚
- かぶ…1/2個
- かぶの葉…適量
- にんじん…1/3本
- えのきだけ…1/6パック
- しょうがのすりおろし…1片分
- 無調整豆乳…2カップ
- 酒…大さじ1
- 塩麹…小さじ1
- 玄米ごはん…200g
- 薄口醤油…小さじ1/2
- 卵…2個
- かつおぶし…適量
- 三つ葉…適量

作り方

1. 鶏肉はひと口大に、かぶは厚めのいちょう切り、かぶの葉は幅1cmに切る。にんじんはせん切りにする。えのきは軸を取って3等分する。
2. 鍋に鶏肉、かぶ、しょうが、にんじん、えのき、豆乳、酒、塩麹を入れ、ふたをして10分ほど煮る。
3. 玄米ごはん、かぶの葉、薄口醤油を加えて煮る。ごはんが好みのかたさになったら、溶き卵を流し入れて火を止める。
4. 器に盛り、かつおぶし、三つ葉を添える。

アボカドと漬けサーモンの玄米丼

生の食材からは酵素が摂れます。こちらの丼は具の材料が生なので、酵素たっぷり！ サーモンの脂質にはオメガ3、アボカドにはコエンザイムQ10が豊富な美容丼でもあります。

抗酸化・デトックス　疲労回復　酵素・発酵食品

材料（2人分）
たまねぎ…1/2個
サーモン（刺身用）…8切れ

A
- 濃口醤油…大さじ2
- 煮切りみりん…大さじ1
- にんにくのすりおろし…1/2片分

アボカド…1個
玄米ごはん…300g
温泉卵…2個

B
- オリーブオイル…大さじ1
- 濃口醤油…小さじ1
- 煮切りみりん…小さじ1
- おろしわさび…小さじ1/2
- 黒こしょう…少々

水菜…適量
レモン…1/5個

作り方
1. たまねぎは薄切りにして酢水（分量外）に30分ほどさらす。
2. サーモンはAに20〜30分ほど漬ける。
3. アボカドはサーモンと同じくらいの大きさに切る。
4. 器に玄米ごはん、1、2、3、温泉卵をのせ、混ぜたBを好みの量かける。4cm幅に切った水菜をのせ、レモンを添える。

> 酵素が生きてる！

混ぜるだけソース

手軽に作れるソースは、焼いた肉や魚に簡単に合わせられ、しかも野菜のおいしさがみずみずしく広がります。野菜を生で使うことで、野菜に含まれる酵素をそのまま摂ることができるのもうれしいところ。作りおきするというよりも、一食で使いきりましょう。

① 亜麻仁油と大根おろしのジンジャーソース

脳に良いオメガ3を豊富に含む亜麻仁油をおいしく摂れるソースです。油は亜麻仁がなければえごま油など、ほかの香りのいい油で代用してもOKです。

材料（作りやすい量）
大根…100g
濃口醤油…1/2カップ
みりん…1/2カップ
米酢…大さじ1
しょうがのすりおろし…20g
亜麻仁油…大さじ1

作り方
大根はすりおろし、軽く水けをきる。小鍋に醤油、みりん、米酢を入れて火にかけ、ひと煮立ちしたら火を止める。冷めてから、すべての材料を混ぜる。

② ねぎ塩麹だれ

塩麹の甘味と塩けが広がり、ごま油が香ばしいソースです。揚げ物や焼いた肉、蒸し料理によく合います。生野菜にもぴったりなので、ドレッシングとしても活躍。

材料（作りやすい量）
長ねぎ（みじん切り）…1本
塩麹…大さじ3
にんにくのすりおろし…1片分
しょうがのすりおろし…1片分
白炒りごま…大さじ2
ごま油…大さじ3
煮切りみりん…大さじ2
黒こしょう…少々
レモン果汁…1/2個分
塩…小さじ1/4

作り方
すべての材料を混ぜ合わせる。

③ 黒ごまソース

ごまが香ばしいだけでなくまろやかなソース。お店では水炊きのたれとして登場します。しゃぶしゃぶなど、さっぱりした鍋のつけだれや、蒸しものに合わせても。

材料（作りやすい量）
黒すりごま…大さじ5
黒練りごま…大さじ5
八丁味噌…大さじ2
オイスターソース…大さじ1
コチュジャン…大さじ2
ごま油…大さじ2
きび砂糖…大さじ1
にんにくのすりおろし…大さじ1
しょうがのすりおろし…小さじ2
煮切りみりん…1/2カップ
濃口醤油…大さじ1

作り方
すべての材料を混ぜ合わせる。

④ フレッシュトマトソース

高野豆腐のカツレツで使っているように、フライなどの揚げ物をさっぱり食べるのにいいソースです。味噌を少し入れることでコクが出て、実は奥深い味わい。

材料（作りやすい量）
たまねぎ…30g
トマト（中）…1個
フレッシュバジルの葉…2枚
オリーブオイル…大さじ1/2
米酢…大さじ1/2
塩麹…小さじ1/2
麹味噌…小さじ1/2
きび砂糖…小さじ1/4
白こしょう…適量

作り方
たまねぎはみじん切りにし、キッチンペーパーで包んで流水で軽くもみ洗いする。トマトは5mm角に切り、バジルは手でちぎる。すべてを混ぜ合わせる。

第 3 章

ベジ入門おかず

実身美では、肉をまったく使わないというわけではないのですが、やはり野菜が中心です。高野豆腐や豆腐を組み合わせたメイン料理から、冷蔵庫の野菜でさっと作るかんたん小鉢まで。玄米によく似合う味で作る、野菜が主役のおかずはバリエーション豊かに。

たけのことごぼうの麻婆豆腐

お肉を使わなくても十分満足。栄養価と食物繊維をたっぷり摂れるヘルシーメニューです。根菜と高野豆腐、木綿豆腐の食感も楽しく、もぐもぐ食べてお腹がいっぱいになりますよ。

材料 (2人分)

- 干ししいたけ…2枚
- たけのこの水煮…1/4本
- ごぼう…1/2本
- にんじん…1/2本
- 小松菜…1株
- えのきだけ…20g
- にら…10g
- 高野豆腐…1枚
- 木綿豆腐…1/3丁
- 長ねぎ…1本
- ごま油…大さじ1
- しょうがのみじん切り…小さじ1
- にんにくのみじん切り…小さじ1
- 干ししいたけの戻し汁…2〜2と1/2カップ
- 酒…小さじ1
- 濃口醤油…大さじ2
- 甜麺醤…小さじ1/2
- 豆板醤…小さじ1/2
- きび砂糖…大さじ1
- 水溶き片栗粉…適量
- 塩、黒こしょう…各適量
- 粉山椒…適量
- 糸唐辛子…適量

作り方

1. 干ししいたけはたっぷりの水に浸して戻し、厚さ5mmに切る。たけのこは2cm角に、ごぼうはぶつ切りに、にんじんはみじん切りに、小松菜とえのきだけ、にらは幅2cmに切る。高野豆腐は戻して粗みじん切りに、豆腐は2cm角に切る。ねぎは白い部分を白髪ねぎにして水にさらし、残りをみじん切りにする。
2. 鍋にごま油、ねぎのみじん切り、にんにく、しょうがを入れ、香りが立つまで炒める。
3. 干ししいたけの戻し汁、1のしいたけ、高野豆腐、たけのこ、ごぼう、にんじんを入れて煮る。
4. 野菜に火が通ったら、酒、濃口醤油、甜麺醤、豆板醤、きび砂糖を加えて煮る。
5. えのきだけ、にら、小松菜、木綿豆腐を加える。沸騰したら、水溶き片栗粉を少量ずつ加え、好みのかたさに仕上げる。塩、こしょうで味をととのえる。
6. 器に盛り、白髪ねぎ、粉山椒、糸唐辛子をのせる。

里いもとトマトの ベジチーズグラタン

豆乳ベースに白味噌や白玉粉を加えて作る「ベジチーズ」。まるでチーズのコクと味わいを楽しめるうえに、とろけて伸びるんです。ほかのグラタンにも応用してみてください。

材料 (2人分)

ベジチーズ
- 豆乳…1と1/4カップ
- 白玉粉…大さじ3
- 白味噌…大さじ1と1/2
- オリーブオイル…大さじ1
- 米油…大さじ1
- 米酢…大さじ1/2
- 塩…小さじ1/4

- 里いも…5個
- トマト…1/2個
- たまねぎ…1/2個
- オリーブオイル…少々
- にんにくのみじん切り…少々
- 塩、白こしょう…各適量
- 無調整豆乳…70ml
- みりん…大さじ1/2
- 麹味噌…大さじ1/2
- 生パセリのみじん切り…少々

作り方

1. ベジチーズを作る。小鍋に材料をすべて入れ、とろみがつくまで煮る。
2. オーブンは250℃に予熱する。
3. 里いもは蒸して皮をむき、輪切りにする。トマトとたまねぎは薄切りにする。
4. フライパンにオリーブオイル、にんにくを入れて、香りが出てきたらたまねぎを加えて炒め、塩、こしょうをふり、しんなりするまで炒める。
5. 里いも、豆乳、みりん、味噌を加えて混ぜる。味をみて足りなければ塩、こしょうでととのえる。
6. 耐熱容器に5を入れ、トマトをのせ、ベジチーズを搾り袋に入れて搾り出す。
7. オーブンに入れて10～15分、焼き目がつくまで焼く。仕上げにパセリをふる。

塩麹ラタトゥイユ

抗酸化作用が強い野菜をふんだんに使った煮込み。調味料は塩麹、塩、オリーブオイルだけですが、野菜の味が絡んで豊かな味です。ストレスがたまって疲れてしまったときにはすっきりします。

抗酸化・デトックス／ストレス

材料(2人分)

- なす…1/2本
- ズッキーニ…1/3本
- パプリカ(赤、黄)…各1/2個
- たまねぎ…1/2個
- プチトマト…20個
- セロリ…1/4本
- にんにく…1片
- オリーブオイル(炒め用)…大さじ2
- 塩麹…大さじ1と1/2
- 塩…小さじ1/4
- タイムの枝…4本
- フレッシュバジルの葉…4枚
- オリーブオイル(仕上げ用)…大さじ1と1/2

作り方

1. なすは厚めのいちょう切り、ズッキーニは半月切り、パプリカは1cm角、たまねぎは2cm角、プチトマトは半分に、セロリは斜め薄切り、にんにくは薄切りにする。
2. フライパンに炒め用のオリーブオイルとにんにくを入れて火にかけ、香りが立ったら野菜をすべて入れ、塩麹、塩も加えて炒める。
3. タイムを加え、ふたをして中火で10分ほど蒸し煮にする。
4. 仕上げにバジルをちぎり入れ、オリーブオイルを加えて混ぜる。

白菜と高野豆腐ボールのクリーム煮

疲労回復　ダイエット

白菜は体を潤す野菜。そこにカルシウムとたんぱく質が豊富な高野豆腐ボールを合わせ、保湿力があるひと品になります。乾燥を感じる季節や安らぎたい夕食に召し上がれ。

材料(2人分)

- 高野豆腐…1枚
- たまねぎ…1/4個

A
- 木綿豆腐…80g
- 片栗粉…大さじ3
- きび砂糖…小さじ1/2
- 濃口醤油…少々
- 塩…少々
- 白炒りごま…少々
- しょうがのみじん切り…1/2片分

- 白菜…100g
- たまねぎ…1/4個
- にんじん…1/4本
- 大根…3cm
- エリンギ…1/2パック
- しめじ…1/2パック
- フレッシュローズマリーの枝…1本
- 昆布…3cm
- 白ワイン…1/4カップ
- 水…1/2カップ
- きび砂糖…小さじ1/2
- 塩、白こしょう…各適量

B
- 無調整豆乳…3/4カップ
- 塩麹…大さじ1と1/2
- 片栗粉…大さじ1/2

作り方

1. 水で戻した高野豆腐、たまねぎはみじん切りにする。
2. ボウルにAを入れてよく混ぜ、1を加えてさらに混ぜる。6等分してボール状にまとめる。
3. 白菜の芯の部分は幅1cmの斜め切り、葉の部分は幅2cmに切る。たまねぎは幅1cmのくし切りにする。にんじん、大根、エリンギは半月またはいちょう切りにする。しめじは軸を取ってほぐす。ローズマリーはみじん切りにする。
4. 鍋に昆布、大根、にんじん、白菜の芯の部分を敷き詰め、2を並べ、白ワイン、分量の水、きび砂糖、ローズマリーを入れ、中火で蒸し煮にする。
5. 高野豆腐ボールに火が通ったら白菜の緑の部分とたまねぎを入れて火を通し、混ぜたBを加える。とろみがついたら塩、こしょうで味をととのえる。

ゴーヤとわかめの韓国風サラダ

ゴーヤは苦みが強く、くせがあるので食べにくい方もいるかもしれませんが、香りのいい野菜やごま油を組み合わせることで食べやすくなります。シャキシャキ食感もごちそうですね。

抗酸化・デトックス

酵素・発酵食品

材料(2人分)

- ゴーヤ…1/2本(約100g)
- たまねぎ…1/2個
- みょうが…1本
- 乾燥わかめ…3g
- 刻みのり…適量
- 糸唐辛子…適量

ねぎ塩麹だれ(P.46参照)…大さじ2〜3

作り方

1. ゴーヤは薄い半月切りにする。たまねぎは繊維に沿って薄切りにする。ともに水にさらし、水けをきる。みょうがは斜め薄切りにする。わかめは戻して食べやすく切る。
2. ボウルに1を入れ、ねぎ塩麹だれを加えてあえる。
3. 器に盛り、刻みのりと糸唐辛子をのせる。

ゴーヤと切り干し大根のチャンプルー

ゴーヤは南国ならではの、抗酸化力の強い野菜です。いろんな具材を炒め合わせる沖縄の調理法「チャンプルー」は苦味を緩和し、栄養をバランスよく摂れ、理に適っています。

ストレス　ダイエット

材料(2人分)

切り干し大根…30g
木綿豆腐…150g
にんじん…1/4本
ゴーヤ…1/4本
塩…適量
たまねぎ…1/4個
しめじ…1/2パック
ごま油…適量
刻み昆布…少々
酒…小さじ1
みりん…小さじ1
濃口醤油…小さじ1
きび砂糖…小さじ1
塩…少々

作り方

1 切り干し大根は表示通りに水で戻し、絞る。豆腐はキッチンペーパーで包んで30分ほど置き、水きりする。にんじんは細切りにする。ゴーヤは縦半分に切って種を除いて薄切りにし、塩もみし、流水でさっと洗う。たまねぎは厚さ1cmに切る。しめじは軸を取ってほぐす。

2 鍋にごま油を熱し、中火でたまねぎ、にんじん、しめじ、ゴーヤ、切り干し大根を炒める。たまねぎに火が通ったら、豆腐を崩し入れ、さらに刻み昆布と調味料を加えて炒め合わせる。

ふんわりひじき入りがんもどき

米ぬかを加えることでビタミンB群を補うことができます。大葉やしょうがを使って香りを立たせることで、調味料は控えめにできるのもポイントです。食物繊維もたっぷり。

疲労回復　ストレス

材料 (2人分)

- 木綿豆腐…1/2丁
- 枝豆 (さやごと)…5個
- 長いも…50g
- しょうが…1/2片
- 大葉…5枚
- 生しいたけ…1個
- 乾燥芽ひじき…大さじ1/2

A
- 片栗粉…大さじ3
- 米ぬか…大さじ2
- みりん…小さじ1/4
- 濃口醤油…少々
- 塩…少々

米油 (揚げ油)…適量

作り方

1. 木綿豆腐は重しをして30分～1時間ほど水きりする。
2. 枝豆はさっとゆでてさやから出す。長いも、しょうが、大葉はざく切りにする。しいたけは軸を取って粗みじんに切る。
3. フードプロセッサーに豆腐、長いも、しょうがを入れ、ペースト状になるまで撹拌する。大葉を加え、粗みじん状態になるまで撹拌し、ボウルに移す。
4. 3にひじき、しいたけ、枝豆、Aを加えて混ぜ、適量を取り直径4cmくらいの平たい丸形にまとめる。
5. 150℃に熱した油で全体がきつね色になるまで揚げる。

塩麹豆腐と青菜の白あえ

発酵食品の「塩麹」は独特の旨味があるだけでなく、消化吸収がよく、腸内細菌のバランスを整えてくれます。滋養にもなるので積極的に使ってほしい調味料です。

（酵素・発酵食品）（ストレス）

材料(2人分)
- 木綿豆腐…1/2丁
- 塩麹…大さじ2
- ほうれん草…1/2束
- にんじん…1/4本
- 生しいたけ…2枚
- くるみ…50g
- 塩麹…大さじ1

煮汁
- だし汁…1/2カップ
- 薄口醤油…大さじ1と1/2
- みりん…大さじ2

作り方
1. 木綿豆腐は塩麹をまぶして2～3日漬ける。
2. ほうれん草はさっとゆでてざるに上げて冷ます。くるみはから煎りし、粗く砕く。にんじんは細切りに、しいたけは薄切りにする。
3. 煮汁の材料を鍋に入れて煮立て、にんじんとしいたけをやわらかくなるまで煮る。冷めたら食べやすく切ったほうれん草を加えて30分ほど漬ける。
4. ざるで煮汁をきり、水けを拭きとって崩した1、くるみ、塩麹を混ぜる。

れんこんと豆のレモンマリネ

マリネに使う酢は、緊張やストレスで血流が滞っているとき、血液を
サラサラに。優秀な豆のたんぱく質とご一緒にどうぞ。

材料 (2人分)

れんこん…100g
枝豆 (さやごと) …10個
プチトマト…10個
赤たまねぎ…1/4個
レモン…1/8個
生パセリ…5g
オリーブオイル
　…大さじ1と1/2
大豆の水煮…50g
キドニー豆の水煮…50g
ひよこ豆の水煮…50g
マリネ液…適量

作り方

1　れんこんはいちょう切りにする。枝豆はさっとゆでて、さやから出す。プチトマトは半分に切り、赤たまねぎは繊維に沿って薄切りにする。レモンは薄いいちょう切りに、パセリはみじん切りにする。

2　フライパンにオリーブオイルを熱し、れんこんを火が通るまで炒める。

3　1、2、豆類をマリネ液に30分〜1時間ほど漬ける。

●マリネ液

材料 (作りやすい量)

米酢…130ml
みりん…130ml
塩…小さじ1
黒こしょう…少々
メープルシロップ…大さじ2
ピンクペッパー (粒) …少々

作り方

酢、みりん、塩を鍋に入れて火にかけ、アルコール分が飛んだら残りの材料を加えて混ぜる。

白菜と大根のローズマリーマリネ

白菜は生で食べるととっても甘味があり、みずみずしくてシャキシャキとした食感も。気の巡りもよくしてくれる野菜です。

材料（2人分）
白菜…1/8個
大根…5cm
にんじん…1/4本
フレッシュローズマリーの葉
　　…1本分
好みのナッツ（くるみなど）…15g
酢…大さじ2と1/2
きび砂糖…大さじ2
塩麹…大さじ2
塩…ひとつまみ

作り方
1. 白菜は2cm、大根とにんじんはスライサー（あればしりしり器）でせん切りにする。ローズマリーとナッツはみじん切りにする。
2. 材料をすべて合わせ、よくもむ。
3. 重しをし、冷蔵庫でひと晩寝かせる。

酵素・発酵食品　ストレス

夏野菜のあちゃら漬け

暑い日や疲れて気の流れが滞ったときは、酢や香味野菜が効いた料理を食事に添えましょう。アクセントになり、体がシャキッ！

材料（2人分）
A
酢…大さじ4
きび砂糖…大さじ2
塩麹…大さじ1
濃口醤油…小さじ1
刻み昆布…小さじ1

ごぼう…1/2本
なす…1本
生きくらげ…1枚
大葉…1枚
みょうが…1/2個

作り方
1. 小鍋にAを入れてひと煮立ちさせて冷ます。
2. ごぼうは縦半分に切り、斜め薄切りにして酢水（分量外）にさらす。なすは縦半分に切り、厚さ7〜8mmに切って水にさらす。きくらげはせん切りにする。
3. 容器に2を入れ、1を注ぎ、ふたをしてひと晩寝かせる。
4. 器に盛り、せん切りにした大葉とみょうがを添える。

酵素・発酵食品　ストレス

プチトマトのジンジャーマリネ

トマトは抗酸化作用がとても強いリコピンの宝庫。ビタミンCも豊富なので紫外線が強い季節に食べたい美のひと品です。

材料（2人分）
A
メープルシロップ…大さじ1
しょうがのすりおろし
　　…大さじ1/2
プチトマト…1パック
あればセルフィーユ…適量

作り方
1. メープルシロップとしょうがを混ぜる。
2. プチトマトを湯むきする。
3. 1に2を入れ、冷蔵庫に入れて冷やす。1時間くらいで食べ頃に。

疲労回復　酵素・発酵食品

高野豆腐のカツレツ
フレッシュトマトソース

がっつりと揚げ物を食べたいけれど、健康が気になる、という人は高野豆腐で。高野豆腐は噛むとじゅわっとだしがしみ出し、爽やかなトマトのソースと一緒にさっぱり、けれど食べごたえ満点！

材料(2人分)
高野豆腐…2枚
だし汁…1と1/2カップ
薄力粉…大さじ2
水…大さじ4
パン粉…適量
米油(揚げ油)…適量
フレッシュトマトソース(P.46参照)…適量

作り方
1. 高野豆腐をだし汁に入れて戻す。
2. 1を軽く絞り、4等分に切る。薄力粉は分量の水で溶く。
3. 高野豆腐に水溶き薄力粉、パン粉を順にまぶす。
4. フライパンに米油を高野豆腐がひたひたになるくらい入れて熱し、3を中火でこんがりするまで焼く。
5. 皿に盛り、フレッシュトマトソースを添える。

疲労回復

オクラとトマトのおろしあえ

オクラ、トマト、大葉と抗酸化作用が強い食材を一気に摂れる・爽やかなサラダのようなひと品です。オメガ3が豊富な亜麻仁油のソースで召し上がれ。

材料 (2人分)
オクラ…8本
トマト…1個
押し麦…大さじ2
亜麻仁油と大根おろしの
ジンジャーソース (P.46参照)…大さじ2
大葉…適量

作り方
1 オクラはさっとゆで、乱切りにする。トマトはくし切りにし、さらに半分に切る。押し麦はやわらかくなるまでゆでる。
2 ボウルに1を入れ、ジンジャーソースであえる。
3 器に盛り、せん切りにした大葉を添える。

かぼちゃの塩麹煮

砂糖を使わなくても、塩麹がかぼちゃの自然な甘味を引き出してくれるのでほんのり甘い煮物に。新しいコクも生まれます。

材料 (2人分)
かぼちゃ…1/4個 (約300g)
塩麹…大さじ3
塩…少々
水…1と1/2～2カップ

作り方
1 かぼちゃは3cm角に切る。
2 鍋に1を敷き詰め、塩麹、塩、分量の水を加えてふたをし、中火～弱火でかぼちゃがやわらかくなるまで煮る。

豆腐チーズのカプレーゼ

豆腐をモッツァレラに見立てたイタリア風前菜。乳製品は摂り過ぎると血液がにごると言われているので、ときにはこんなチーズで控えめに。

材料 (2人分)

木綿豆腐…75g
酢…大さじ1/2
麹味噌…小さじ3/4
米油…小さじ1/2
トマト…1/2個
オリーブオイル…適量
塩、黒こしょう…各少々
フレッシュバジルの葉…2枚

作り方

1 木綿豆腐をキッチンペーパーで包み、1時間ほど水切りする。
2 1をボウルに入れてなめらかになるまで混ぜ、酢、味噌、米油を加えてよく混ぜる。
3 トマトはひと口大に切って器に入れ、2をかけ、オリーブオイル、塩、黒こしょうをふり、バジルを飾る。

セロリの塩麹きんぴら

デトックス効果があり、香りが気の巡りをよくしてくれるセロリと、根菜のきんぴら。塩麹を使うことで、素材の旨味が引き出されます。

材料 (2人分)

セロリ…1本
ごぼう…1/4本
にんじん…1/4本
ごま油…大さじ1
塩…少々
塩麹…大さじ1と1/2
白炒りごま…大さじ1/2
塩麹(仕上げ用)…大さじ1/2
山椒(粉)…少々

作り方

1 セロリは斜め薄切り、ごぼうは縦半分に切って斜め薄切り、にんじんは短冊切りにする。
2 フライパンにごま油を熱してごぼうを炒め、塩をふる。
3 ごぼうにやや火が通ったらセロリとにんじんを加えてさらに炒める。
4 野菜に火が通ったら、塩麹とごまを加えて軽く炒め合わせ、器に盛り、仕上げ用の塩麹と山椒をかける。

作っておくと便利!

万能ソース

こちらのソースはたっぷり作っておくとさまざまな料理に汎用できる便利品。ホワイトソース、イタリア風、中華風、香り味噌と、料理をイメージしやすいものばかりです。特に高野豆腐などを使ったさっぱりしたメニューにはこんなソースでアクセントをつけて。

① 甘酒トマトソース

甘酒と味噌が効いた優しい甘さのイタリアン万能味。

材料(作りやすい量)

オリーブオイル…大さじ1
にんにく(みじん切り)…1片分
たまねぎ(1cm角)…1/2個分

A
- ホールトマト(缶)…1缶(400g)
- トマトペースト…20g
- ローリエ…1枚
- 玄米甘酒…250g
- 麹味噌…大さじ1
- 濃口醤油…大さじ1
- 塩…小さじ1/2

B
- オレガノ(粉末)…ひとつまみ
- マジョラム(粉末)…ひとつまみ
- フレッシュバジルの葉…6枚
- 黒こしょう、レモン果汁…各少々

作り方

1. オリーブオイルとにんにくを鍋に入れて弱火にかけ、香りが立ったらたまねぎを加えて透明感が出るまで炒める。
2. Aを加えて強火にし、沸騰してきたら弱火にして1時間ほど煮込む。こげないようにときどき混ぜる。
3. 火を止めてBをすべて加えて混ぜ合わせる。

② 米ぬか入り豆腐クリームソース

乳脂を使わないクリーミーな味はパスタやグラタンに。

材料(作りやすい量)

絹ごし豆腐…1丁
たまねぎ(1cm角)…1/2個
好みのきのこ(しめじ、まいたけ、エリンギ、マッシュルームなど)
…計100g
オリーブオイル…大さじ1
にんにく(みじん切り)
…1/2片分

A
- 白味噌…大さじ2
- 米ぬか…大さじ1
- 塩…小さじ1/2
- タイム(粉末)、
- ローズマリー(粉末)、
- 黒こしょう…各少々

作り方

1. 豆腐はフードプロセッサーにかけてペースト状にする。しめじとまいたけは軸を切ってほぐす。エリンギとマッシュルームは薄切りにする。
2. フライパンにオリーブオイルを熱し、にんにくを炒め、香りが立ったらたまねぎときのこ類を炒める。
3. しんなりしてきたら豆腐、Aを加えて軽く煮る。

③ 大葉味噌

これだけでごはんが進む、香りをプラスした味噌だれ。

材料(作りやすい量)

大葉(みじん切り)…10枚分
にんにく(みじん切り)…1片分
麦味噌…大さじ4
しょうが(みじん切り)…1片分
きび砂糖…大さじ2
ごま油…小さじ2
煮切り酒…小さじ2
酢…小さじ1/2

作り方

1. 鍋にごま油、にんにく、しょうがを入れて弱火にかけ、香りが立つまで炒める。
2. 麦味噌、きび砂糖、酒、酢を入れて混ぜ、砂糖が溶けたら火を止めて冷ます。
3. 2に大葉を加えて混ぜる。

④ はちみつ黒酢ソース

いつもの味を混ぜるだけ。シンプルな万能中華だれに。

材料(作りやすい量)

黒酢…1カップ
はちみつ…大さじ5
濃口醤油…大さじ3

作り方

1. 小鍋に黒酢を入れ、まろやかになるまで沸かす。
2. 火からはずし、はちみつと醤油を混ぜる。

第 **4** 章

具だくさんのスープ

スープを飲むことは体をあたためてくれるだけでなく、気の巡りをよくしてくれる働きもあります。食欲がないときや朝ごはんには具をたっぷりと入れたスープにしてみては？ マンネリしがちな味噌汁も、ちょっとアクセントのある味に仕上げてみましょう。

デトックススープ

1カ月いつもの食事にプラスして-4kgの減量に成功したスタッフもいるほどのデトックス！ 甘い野菜を煮込んだだけのシンプルな味は、甘いものに依存気味の方にぴったり。

材料(2人分)
- たまねぎ…1/4個
- キャベツ…1枚
- かぼちゃ…1/10個(約80g)
- にんじん…1/2本
- 塩、白こしょう…各適量
- 水…適量
- パセリのみじん切り…適量

作り方
1. 野菜類はすべて5mm角に切る。
2. 鍋にたまねぎ→キャベツ→かぼちゃ→にんじんの順に重ね入れる。野菜のかさの倍量の水を入れ、弱火で30分〜1時間ほど煮て塩、こしょうで味をととのえる。
3. 器に盛り、パセリをふる。

ニラ団子とオクラの味噌汁

ニラ団子がもちもちとおいしくて、この1杯で大満足。疲れてしまった夜はこのように香りのいいスープで心をやわらげましょう。翌日には元気になっているはずですよ!

材料 (2人分)

にんじん…1/4本
たまねぎ…1/4個
水…2カップ
刻み昆布…小さじ1/2
かつおぶし…6g
酒…小さじ1
みりん…小さじ1
麦味噌…小さじ3
濃口醤油…少々

ニラ団子
┌ ニラ…2本
│ 白玉粉…40g
│ 水…大さじ2
│ きび砂糖…小さじ1/4
└ 塩…少々

米油…小さじ1
オクラ…2本

作り方

1. にんじんはいちょう切り、たまねぎは繊維に沿って細切りにする。
2. 鍋に分量の水と昆布を入れ、中火にかける。沸騰したら1、かつおぶし、酒、みりんを入れる。
3. 野菜に火が通ったら火を止めて味噌を溶き入れ、濃口醤油で味をととのえる。
4. ニラ団子を作る。ニラは幅1cmに切り、残りの材料とよく混ぜ、4等分してまとめる。
5. フライパンに米油を熱し、中火でこんがりと焼き、火を通す。
6. 3に5、小口切りにしたオクラを加えてあたためる。

あらとわかめの韓国風スープ

韓国料理では骨ごと煮込んだスープがポピュラー。これは、食材の栄養を丸ごと摂れる調理法で、滋養によいとされます。骨と身の間は栄養価が高いので、無駄なく食べましょう。

材料 (2人分)

鯛のあら…50g
塩…適量
乾燥わかめ…3g
酒…1/2カップ
だし汁…700ml
塩…小さじ1と1/2
こしょう…少々
にんにく…1片
しょうが…1片
大根…25g
たまねぎ…1/4個
豆もやし…25g
ごま油（炒め用）…大さじ1と1/2
白すりごま…大さじ1/2
糸寒天…5g
貝割れ菜…適量
糸唐辛子…適量
ごま油（仕上げ用）…少々

作り方

1. あらは塩をふって30分ほど置き、出た水けをふき取る。熱湯をかけ、血合いを洗い流す。わかめは水で戻す。
2. 鍋に酒を入れてひと煮立ちさせ、1、だし汁、塩、こしょうを入れて3分ほど煮る。骨などが気になればざるでこす。
3. わかめは幅2cmに、にんにくは薄切り、しょうがはせん切り、大根とたまねぎは細切りにする。豆もやしはひげ根を切る。
4. 別の鍋に炒め用のごま油を熱し、にんにくとわかめを入れて炒める。わかめがくたくたになったら大根、たまねぎ、豆もやし、しょうがを加えてさらに炒める。
5. 2に4を加え、野菜がやわらかくなるまで煮て、仕上げにごまを加える。
6. 糸寒天を入れた器に5を注ぎ、貝割れ菜と糸唐辛子を添え、仕上げ用のごま油をたらす。

枝豆とたまねぎのもちきびポタージュ

乳製品を使わないポタージュですが、もちきびがとろみを出してくれます。枝豆は冷凍でもいいですし、季節によってはえんどう豆やその他の野菜で作っても。

疲労回復

材料(2人分)

たまねぎ…1個
にんにく…2g
もちきび…大さじ1
米油…大さじ1
水…2カップ〜2と1/2カップ
白味噌…大さじ1と1/2
塩…小さじ1/4
枝豆(ゆでてさやから出す)…100g

えごま油(またはオリーブオイル)…適量
イタリアンパセリ…適量

作り方

1 たまねぎとにんにくは繊維に沿って薄切りにする。もちきびは分量の水でやわらかくなるまでゆでる。
2 鍋に米油を熱し、たまねぎとにんにくを透明感が出るまで炒める。
3 水、白味噌、塩を加え、沸騰したら枝豆を加えてさっと煮る。
4 3をミキサーにかけ、ペースト状にする。
5 4を鍋に戻し、1のもちきびを加える。とろみが強過ぎたら水で調整し、塩(ともに分量外)で味をととのえる。
6 器に注ぎ、えごま油をたらし、イタリアンパセリを添える。

冬瓜と鶏ハムのすり流し

冬瓜は夏野菜。体の余分な水分を排出してくれるのでむくみやすい方におすすめ。添加物が多い市販のハムを使う代わりに、鶏ハムを自家製で作っておくと便利です。

材料(2人分)

- 鶏ハム…1/4枚
- 冬瓜…150g
- 片栗粉…大さじ1/4
- 水…大さじ1/2
- オクラ…1本
- 鶏ハムの煮汁…3/4カップ
- 水…3/4カップ
- かつおぶし…5g
- 塩…適量

作り方

1. 鶏ハムは1cm角に切る。冬瓜は1/3量を1cm角に切り、残りはすりおろす。片栗粉と水を合わせ、水溶き片栗粉を作る。オクラは小口切りにする。
2. 鍋に鶏ハムの煮汁と水を入れて火にかけ、沸騰したらかつおぶしを加える。
3. 2に鶏ハムと冬瓜の角切りを加え、冬瓜がやわらかくなるまで煮る。
4. 冬瓜のすりおろし、水溶き片栗粉を加え、とろみがついたら塩で味をととのえる。
5. 器に注ぎ、オクラをのせる。

● 鶏ハム

材料(2人分)

- 鶏胸肉…1/2枚
- きび砂糖…大さじ1/2
- 塩…大さじ1/2

作り方

1. 鶏肉に砂糖と塩をすり込んでひと晩置く。
2. 沸騰した湯に1を入れ、再沸騰したら火を止め、余熱で火を通す。煮汁も使うのでとっておく。

疲労回復 ストレス

さつまいもともちきびの豆乳チャウダー

女性が大好きなさつまいもの甘味を活かしたクリーミーなスープ。甘さの強い野菜をさらに加え、優しい甘味は身に心に、染みていくようです。パンにも合います。

材料(2人分)
- たまねぎ…1/4個
- さつまいも(中)…1/2本
- にんじん…1/4本
- ピーマン(緑、赤)…各1/2個
- もちきび…5g
- 米油…大さじ1/2
- 水…1カップ
- 無添加コンソメスープの素…大さじ1/4
- コーンクリーム(缶)…100g
- 無調整豆乳…1カップ
- 塩、白こしょう…各少々

作り方
1. たまねぎとさつまいもは1cm角に切り、さつまいもは水にさらす。にんじんとピーマンは5mm角に切る。
2. 鍋に米油を熱し、たまねぎとにんじんを炒め、たまねぎに透明感が出たら水、コンソメスープの素、さつまいも、もちきびを加え、野菜に火が通るまで中火で煮る。
3. コーンクリームと豆乳を加え、弱火で10分ほど煮る。
4. ピーマンを加えて火を止め、塩、こしょうで味をととのえる。

疲労回復 ストレス

きのこと玄米もちのコンソメスープ

玄米もちがなくても、玄米ごはんをつぶしておもちにすればOK！ 消化もよく、夏の疲れた日にぴったりです。汗をかいて体を潤してくれます。

材料（2人分）

- にんじん…1/8本
- たまねぎ…1/8個
- しめじ…1/4パック
- えのきだけ…1/4パック
- エリンギ（小）…1本
- 小松菜…適量

A
- 水…2カップ
- 無添加コンソメスープの素…小さじ1/2
- きび砂糖…小さじ1/2
- 塩、白こしょう…各適量

玄米もち
- 玄米ごはん…40g
- 白玉粉…20g
- 水…大さじ1と1/2
- 黒こしょう…適量

米油…大さじ1/2

作り方

1. にんじんは細切りに、たまねぎはくし切りにする。しめじは軸を取ってほぐす。えのきは軸を取って半分に切る。エリンギは半月切りにする。小松菜はさっとゆでて食べやすい大きさに切る。
2. 鍋にAと小松菜以外の1を入れて火にかける。沸騰したら味をみて、足りなければ塩、こしょうを補う。
3. ボウルに玄米もちの材料をすべて入れ、玄米をつぶしながらよく混ぜ、4等分して小判型にまとめる。
4. フライパンに米油を熱し、3を両面がこんがりするまで焼く。
5. 器に4を入れて2を注ぎ、小松菜を添える。

モロヘイヤのスープ

青菜のなかでもずば抜けた栄養価のモロヘイヤ。抗酸化力が強く、カルシウムが豊富です。刻むだけでネバネバが出てくるので簡単！　いろいろな料理に活用してみてください。

材料(2人分)
モロヘイヤの葉…15g
たまねぎ…1/4個
しめじ…1/3パック
水…2カップ
無添加コンソメスープの素…大さじ1/2
塩…小さじ1/4
薄口醤油…小さじ2
黒こしょう…少々
しょうがのすりおろし…1片分

作り方
1. モロヘイヤはみじん切りに、たまねぎは薄切りにする。しめじは軸を取ってほぐす。
2. 鍋に水、コンソメスープの素、たまねぎ、しめじを入れて火にかけ、沸騰したら塩と醤油で味をととのえる。
3. 食べる直前にモロヘイヤを加えて火を通す。
4. 器に盛り、黒こしょうをふってしょうがを加える。

トマトの味噌汁

トマトに多く含まれる抗酸化作用の強いリコピンは、色の濃い種で完熟を使うため、生よりもトマトジュースやホールトマトのほうが多く含まれています。ぜひ常備して使ってください。

材料(2人分)
トマト(中)…1/2個
たまねぎ…1/4個
なす…1/4本
オクラ…2本
だし汁…2と1/2カップ
トマトジュース…1カップ
八丁味噌…大さじ1と1/2
麹味噌…大さじ1/2

作り方
1. トマトは1.5cm角に、たまねぎは細切り、なすは半月切りに、オクラは小口切りにする。
2. だし汁にトマト、たまねぎ、なす、トマトジュースを入れて火にかけ、野菜に火が通ったら八丁味噌と麹味噌を溶き入れる。
3. 器にオクラを入れ、2を注ぎ入れる。

にんじんの豆乳スープ

鮮やかなオレンジ色が美しいスープは、香りも抜群です。キャラウェイを加えることでたまねぎ、にんじんの甘味が引き立ちます。

疲労回復　ストレス

材料(2人分)

たまねぎ…1/4個
片栗粉…小さじ1/2
水…小さじ1/2
米油…大さじ1/2
塩…少々
豆乳…3/4カップ
にんじん…1/4本

A
- 水…3/4カップ
- きび砂糖…小さじ1/2
- 塩、こしょう…各少々
- 無添加コンソメスープの素…小さじ1
- キャラウェイ（粉末、またはホールを刻む）…少々

作り方

1 たまねぎは薄切りにする。片栗粉は水で溶き、水溶き片栗粉を作る。
2 鍋に米油とたまねぎを入れ、塩をふり、透明感が出るまで弱火で炒める。
3 Aをすべて加えて煮立たせる。水溶き片栗粉でとろみをつけ、豆乳も加える。
4 食べる直前に、すりおろしたにんじんを加える。

セロリと梅干しの味噌汁

マンネリしがちな味噌汁に、香りのいい食材をプラスしましょう。セロリも梅干しも、体内の気の巡りを促してくれる食材です。

酵素・発酵食品　ストレス

材料(2人分)

セロリ…1/5本
梅干し…2粒
にんじん…1/4本
たまねぎ…1/4個
水…2カップ
刻み昆布…小さじ1/2
かつおぶし…6g
酒…小さじ1
みりん…小さじ1
麦味噌…小さじ3
濃口醤油…少々

作り方

1 セロリは薄切りに、梅干しは種を除いて叩く。セロリと梅干しを混ぜる。
2 にんじんはいちょう切り、たまねぎは繊維に沿って細切りにする。
3 鍋に分量の水と昆布を入れ、中火にかける。沸騰したら2、かつおぶし、酒、みりんを入れる。
4 野菜に火が通ったら火を止めて味噌を溶き入れ、濃口醤油で味をととのえる。
5 器に1を入れ、4を注ぎ入れる。混ぜながらいただく。

沖縄生まれの即席汁物
「かちゅー湯」を楽しもう！

「かちゅー湯」は沖縄の食文化。「かちゅー」はかつおぶしのことです。お椀やカップにかつおぶしを入れ、お好みの具を入れてお湯を注げばできあがり。煮立てなくてもかつおぶしからはだしが出るので、すぐに旨味たっぷりの汁を飲むことができます。今回は味噌を加えた味噌汁風にしていますが、醤油などで味をつけてもいいし、バリエーションは無限。かつおぶしは発酵食品なので酵素が含まれ、疲労回復などにも。スタッフは出張にはかつおぶしを持って行って、ホテルでかちゅー湯を楽しんで疲れを取ることもあります。

基本の材料はこれだけ！
かつおぶし…1パック（3g）
好みの味噌…大さじ1
熱湯…1カップ

1 お湯を注いで……
お椀やカップに材料と好みの具を入れ、熱湯を注ぐ。

2 お箸でぐるぐる
味噌を溶くように混ぜながら、かつおぶしを泳がせてだしを抽出。

3 あっという間に完成！
味噌が溶ければできあがり。万能ねぎなどをふっても。

おすすめのかちゅー湯バリエーション

疲労回復
梅干し＋ねぎ＋のり
梅干しのクエン酸とねぎの香り成分「アリシン」、のりのビタミンB_1で元気に！

抗酸化
バジルの葉＋赤パプリカ＋アボカド
バジルのβカロテン、赤パプリカのカプサイシン、アボカドのビタミンEが老化を防止。

夏バテ解消
みょうが＋長いも＋大葉
みょうがの「アルファネピン」は血行を促し、長いもの粘り成分「ムチン」が胃を健康に。

血行促進
シナモンパウダー＋とうもろこし＋オクラ
シナモンは体をあたためる働きがあり、漢方薬にも。とうもろこし、オクラも血行促進に。

第 5 章
実身美(サンミ)のスイーツ

実は、実身美はデザートのファンが多いんです。ヘルシーなコンセプトは守りながら、安心して甘いものをお腹いっぱい食べられるから！作るときに考えるのは「自分の子供に食べさせたいかどうか」。白砂糖を避けて、自然の甘さを活かした品々をお試しください。

甘酒アイスと抹茶ムースのパフェ

（酵素・発酵食品）（ストレス）

「パフェなんて健康の敵でしょ」という方も多いかもしれません。でも、実身美のパフェは安心なパーツだけを組み合わせるもの。好きなだけ重ねて、甘さを楽しみながら健康的に！

材料 (2人分)
- 玄米フレーク…大さじ1
- 抹茶ムース…適量
- 抹茶寒天…適量
- 甘酒アイス…適量
- ゆで小豆…大さじ2
- 白玉だんご…適量
- きなこ…適量
- 好みのフルーツ（いちごなど）…適量
- 黒蜜…適量
- 野菜チップ（れんこんなど）…適量
- きなこスティック（P.89参照、5mm×12cmにカットして焼く）…適量

作り方
1. 器に玄米フレーク→抹茶ムース→抹茶寒天の順に重ね入れ、甘酒アイスを盛り付ける。
2. さらに、ゆで小豆、白玉、きなこ、フルーツをトッピングする。
3. 黒蜜をかけ、野菜チップ、きなこスティックを添える。

● 甘酒アイス

材料 (作りやすい量)
- 豆乳…2と1/2カップ
- 甘酒…1カップ
- 米油…大さじ2
- 米粉…小さじ1

作り方
1. すべての材料を鍋に入れ、とろみがつくまで弱火で煮る。
2. 冷まして容器に入れ、冷凍庫に入れてときどきかき混ぜながら凍らせる。

● 抹茶寒天

材料 (作りやすい量)
- 寒天（粉末）…4g
- 水…2と1/2カップ
- 抹茶…大さじ1
- 甜菜糖（またはきび砂糖）…30g

作り方
1. 鍋に寒天と水を入れて火にかけ、寒天が溶けるまで煮る。
2. 水大さじ2（分量外）で溶いた抹茶と甜菜糖を加えて混ぜる。
3. 容器に流し入れ、冷蔵庫で冷やし固める。

● 抹茶ムース

材料 (作りやすい分量)
- 木綿豆腐…1丁
- 抹茶…大さじ1
- きび砂糖…40g
- 寒天（粉末）…3g
- 水…1カップ

作り方
1. 木綿豆腐、抹茶、きび砂糖をフードプロセッサーに入れ、ペースト状になるまで撹拌する。
2. 小鍋に寒天と水を合わせて火にかけ、寒天が溶けたら1に加えて混ぜる。
3. 容器に注ぎ、冷蔵庫で冷やし固める。

バナナと豆腐のガトーショコラ

抗酸化・デトックス

バナナとカカオを使ったチョコレートケーキはもっちりとした仕上がり。
チョコレートを使わず、カカオの香りを立たせたケーキです。

材料 (直径18cmの丸型1台分)

A
- 木綿豆腐…150g
- 純ココアパウダー…8g
- 米油…小さじ1
- はちみつ…大さじ1

バナナ (小)…1本

B
- 無調整豆乳…1/2カップ
- きび砂糖…50g
- 米油…小さじ1
- 塩…少々

C
- 小麦粉…60g
- 純ココアパウダー…40g
- ベーキングパウダー
  (アルミフリーのもの)…小さじ2

作り方

1 オーブンは180℃に予熱する。Aの豆腐は水切りし、80gにする。

2 Aをなめらかになるまで混ぜ合わせる。

3 ボウルにバナナを入れ、泡立て器で少し果肉が残るくらいまでつぶす。2とBを加えて混ぜる。

4 Cはポリ袋などに入れてよくふり混ぜる。3に加え、ゴムべらでざっくりと混ぜる。

5 4をクッキングシートなどを敷き込んだ型に流し入れ、オーブンで20分ほど焼く。ナイフで側面を型から切り離し、160℃に下げたオーブンでさらに20分焼く。竹串をさしてなにもついてこなければ焼き上がり。型に入れたまま冷ます。

バナナと小豆のクラフティ

オールベジ食材で作れるクラフティは、たくさん食べても罪悪感なし！ 米ぬかにはビタミンB群が豊富だし、豆腐のたんぱく質も摂れる、実は栄養も豊富なうれしいデザート。

○ ストレス

材料 （直径18cmの丸型1台分）

クッキー生地
- 絹ごし豆腐…75g
- 薄力粉…40g
- 米ぬか…20g
- きび砂糖…15g
- 片栗粉…10g

フィリング
- 薄力粉…大さじ2
- 寒天（粉末）…4g
- 米油…大さじ2
- はちみつ…大さじ3
- 豆乳…1カップ

- バナナ…1本　正味110g
- 絹ごし豆腐…100g
- ゆで小豆…80g

作り方

1. タルト型の内側に米油（分量外）を塗る。オーブンは180℃に予熱する。
2. クッキー生地を作る。すべての材料をポリ袋などに入れてよく混ぜる。
3. 2をめん棒で厚さ2mmにのばし、型に敷き込む。ふちが余れば切り取り、フォークでところどころに穴を開け、オーブンで15分ほど焼く。
4. フィリングを作る。ボウルに薄力粉と寒天を入れて混ぜ、米油、はちみつ、豆乳を加えてさらに混ぜる。
5. 別のボウルでバナナと豆腐を一緒につぶす。
6. 4に5とゆで小豆を加えて混ぜ、3に流し入れる。オーブンで30〜35分ほど焼く。
7. 焼き上がって粗熱が取れたら冷蔵庫で冷やす。

豆腐とココナッツオイルのティラミス

抗酸化・デトックス

ココナッツオイルは酸化しにくく、太りにくいとされる油です。バターと生クリームをこのオイルに置き換えましたが、リッチなココナッツの香りに大満足のお菓子になりました。

材料（直径18cmの丸型1台分）

A
- 米粉…50g
- アーモンドパウダー…40g
- ベーキングパウダー（アルミフリーのもの）…小さじ1/4

B
- きび砂糖…50g
- 無調整豆乳…85g
- 米油…10g
- バニラエクストラクト…5g
- （またはバニラエッセンス…少々）

C
- コーヒー（あれば穀物コーヒー）…大さじ2
- 水…大さじ2と1/2

- 白味噌…25g
- 水…大さじ1と1/2
- 木綿豆腐…1丁（約300g）
- ココナッツオイル…50g
- メープルシロップ…105g
- レモン果汁…小さじ1
- バニラエクストラクト…小さじ1/2
- 純ココアパウダー…適量
- ミントの葉…適量

作り方

1. スポンジケーキを焼く。オーブンは170℃に予熱する。型にクッキングシートを敷く。
2. Aをボウルに入れ、泡立て器でよく混ぜる。Bも別のボウルに入れ、泡立て器でよく混ぜる。
3. AにBを入れ、泡立て器でしっかり混ぜ合わせる。
4. 3を型に流し入れ、オーブンに入れて30分ほど焼く。
5. 型から出して冷ます。冷めたらふくらんだ部分を切り落として平らにし、再度型に入れ、混ぜたCを塗る。
6. フィリングを作る。小鍋に白味噌と分量の水を入れて弱火で味噌を溶き、冷ます。
7. 木綿豆腐をフードプロセッサーに入れ、クリーム状になるまで撹拌する。
8. 6、ココナッツオイル、メープルシロップ、レモン果汁、バニラエクストラクトを加え、さらに撹拌する。
9. 8を5の型に流し入れ、冷蔵庫でひと晩置く。
10. ココアパウダーをふり、皿に盛ってミントを添える。

豆腐と紫いもの ベジチーズケーキ

酵素・発酵食品

バターや生クリームはもちろん、チーズ、卵も使わないチーズケーキです。産前産後にも安心して食べられるケーキとして生まれました。しっとりとした生地も人気の秘密です。

材料（直径18cmの丸型1台分）
木綿豆腐…150g
塩麹…大さじ2

A
- 薄力粉…110g
- 米油…1/2カップ
- はちみつ…1/4カップ
- 塩…少々

紫いも（またはさつまいも）…100g

B
- 豆乳…3/4カップ
- きび砂糖…50g
- 寒天…4g
- シークヮーサー果汁（またはレモン果汁）…小さじ1

薄力粉…大さじ1

作り方

1. 豆腐に塩麹をまんべんなく塗り、冷蔵庫で3日間寝かせる。
2. 型にはクッキングシートなどを敷き込む。オーブンを180℃に予熱する。
3. 土台のケーキを焼く。Aを混ぜ、型に広げ入れ、15分ほど焼き、型に入れたままにしておく。
4. 紫いもは蒸すか、電子レンジにかけてやわらかくする。
5. 1、4、Bをフードプロセッサーにかけてペースト状にし、仕上げに薄力粉を混ぜる。
6. 5を2に流し入れ、オーブンで20〜25分ほど焼く。

米粉とよもぎのもちもち蒸しパン

抗酸化・デトックス

小麦アレルギーの子供が増え、米粉のおやつは実身美でも大好評。お団子などに使うよもぎは血液を浄化するといわれ、生理痛などを緩和するとされている、おいしい薬草なのです。

材料（マフィンやプリン型8個分）

米粉…120g
きび砂糖…15g
黒砂糖（粉末）…15g
ベーキングパウダー（アルミフリーのもの）
　…小さじ2
玄米ミルク…150g
（玄米粥80gと豆乳70mlをミキサーにかける）
よもぎ粉…5g

作り方

1. ボウルに米粉、きび砂糖、黒砂糖、ベーキングパウダーを入れてよく混ぜる。
2. 玄米ミルクを加え、ゴムべらでざっくりと混ぜる。
3. よもぎ粉を加えて混ぜ、8等分して型に入れる。
4. 蒸気の上がった蒸し器に入れ、15分ほど蒸す。

かぼちゃとココナッツミルクのぜんざい

抗酸化・デトックス

「ときどき無性に食べたくなる」というお客様が多いのは、かぼちゃの素朴な甘味とココナッツミルクのまろやかなスープがさらりといただけるから。愛されるアジアンスイーツ。

材料(2人分)

かぼちゃ…350g
水…1と1/2カップ
塩…小さじ1/4
ココナッツミルク…1カップ
無調整豆乳…1/2カップ
メープルシロップ…20g
白玉だんご…6粒
ゆで小豆…大さじ2
クコの実、かぼちゃの種…各適量

作り方

1. かぼちゃはぶつ切りにし、分量の水、塩とともに鍋に入れてやわらかくなるまでふたをして蒸し煮にし、冷ます。
2. ミキサーに1、ココナッツミルク、豆乳、メープルシロップを入れてピューレ状になるまで撹拌する。
3. 2を鍋に入れ、かき混ぜながらあたためる。
4. 器に盛り、白玉、小豆、クコの実、かぼちゃの種をのせる。

米粉とココナッツオイルのちんすこう

抗酸化・デトックス

もともとラードで作る沖縄のおやつをココナッツオイルでアレンジしました。素材はすべて植物性。ビタミンB群が豊富な米ぬかも使って焼き上げる、代謝されやすいお菓子です。

材料（作りやすい量）

- 米粉…80g
- 甜菜糖（またはきび砂糖）…25g
- 米ぬか…15g
- 塩…小さじ1/2
- ココナッツオイル…50g
- 無調整豆乳…20g

作り方

1. オーブンは170℃に予熱する。天パンにクッキングシートを敷く。
2. 米粉、甜菜糖、米ぬか、塩を泡立て器でよく混ぜる。
3. ココナッツオイルを加えて手ですり混ぜ、そぼろ状にする。
4. 豆乳を加え、ひとかたまりにする。
5. 好みの形に成形し、天パンにのせて15～20分ほど焼く。
6. 焼き上がったらしっかりと冷ます。

米粉を使ったきな粉スティック

ちょっとかたくてじんわりおいしい小さなおやつは、赤ちゃんの「歯固め」にぴったり。大人には甘さが控えめなので、おつまみにもなりそう。好きな大きさに焼いてください。

ストレス

材料（作りやすい量）

米粉…40g
きなこ…15g
よもぎ粉…小さじ1
きび砂糖…20g
無調整豆乳（または牛乳）…大さじ2〜3

作り方

1. オーブンを170℃に予熱する。
2. ボウルに米粉、きなこ、よもぎ粉、きび砂糖を入れて混ぜる。
3. 豆乳を少しずつ加え、生地がまとまるくらいになったらゴムべらでしっかり混ぜる。
4. 3をラップではさみ、めん棒で厚さ2mmほどにのばす。
5. クッキングシートを敷いた天パンにのせ、カードなどで1cm×3cmほどに切る。
6. オーブンに入れ8〜10分ほど焼く。

実身美がお答え！Q&A

実身美には、健康的な食に興味がある人が集まります。
お店に来る人や、料理教室に参加した人たちからは、ソボクな疑問がいっぱい！

Q 玄米を食べるときに注意したほうがいいことはありますか？

A 玄米は、表皮がついたお米なので、よく噛まずに飲み込むと消化によくありません。味わうようによく噛むと、おいしいうえに消化がよくなり、ゆっくりと食事をする習慣がつきます。また、鉄分などのミネラルを吸着する成分を含むため、貧血の方は毎日玄米を食べるのは避けたほうがいいでしょう。

Q 忙しくてちゃんと食事を作る時間がありません。どうしたらいいですか？

A 玄米はバランス良く栄養素が含まれているため、主食を玄米に替えれば、あとは簡単に済ませても大丈夫です。例えば、玄米の卵かけごはんに納豆、お湯を注ぐだけでできる「かちゅー湯」（P.76）を一緒に召し上がっていただくだけでも、十分です。

Q 実身美の食事はベジタリアンやマクロビとは違いますか？

A 違います。参考にはしていますが、栄養学も日々進歩しているので、特に現代人に不足している栄養素に注目しながら献立を立てるという考え方です。特に、精製食品があふれている時代なので、玄米と野菜を中心にしながら、たんぱく質も不足しないよう、卵、魚、お肉も使用しています。

Q 玄米にしたいのですが、家族が食べてくれません、どうしたらいいですか？

A 実は玄米によく合うチャーハンやカレーにすると、最初は気になる玄米の味が緩和されておいしく食べられます。また、玄米をおいしく食べられるように、水分をしっかり吸水させてから炊くようにしてください。

Q ダイエットのために食事を変えてみましたが、食べられないストレスで結局リバウンド。コツはありますか？

A 自然な調味料を使い、食材の味を活かして食べることで、脳が"おいしい！"と思ってしまう不自然な味付けを自然と減らすことができます。脳はストレスを感じているときほど、こういった濃い味付けを好むもの。そういうときこそよく噛んで、身体に良い食品をたっぷり食べ、脳が満足するように気をつけてください。

A 「脳」が満足するように、献立を立てることが大切です。脳は、味、香り、食感で満足します。またよく噛んで食べること、そして、自分に足りない栄養素を摂ることでも脳が満足するようになります。実身美の献立は量が多くてよく驚かれますが、必要な栄養がバランスよく含まれているので減量した人もたくさんいます。

Q 毎日元気で、健康診断の結果も問題ありません。実身美の食事を食べる必要がありますか？

A 炎症を抑える油といわれている、オメガ3の油が不足しないようにし、逆に炎症を引き起こすといわれているオメガ6の油（サラダ油など）の摂りすぎに気をつけてください。また、抗酸化作用の高い食材を多く摂るように心がけましょう。

Q 濃い味付けが大好き。玄米食でも塩分は気にしたほうがいいですか？

A 加工食品や、精製した食品に偏った食事でなければ、ご自身に合った食生活をして問題ありません。近年急増している生活習慣病のリスクを減らすために、砂糖を控え、できるだけ野菜を使い、味付けを濃くせず、旬の食材を摂りましょう。

Q 花粉症、アレルギーに良い食べものを教えてください。

Q 甘い物がやめられません、どうしたらいいですか？

A 精製した白砂糖は依存性が強いため、まずは自然な甘味を持つものを代わりに摂るように心がけてください。我慢しすぎるとストレスになるので、量を減らすことから始めてみましょう。食事でしっかり栄養を摂ることも大切。食事の栄養が足りないと甘いものに走りがちになります。

おわりに

家族のために作るごはん

実身美の大切にしているコンセプトのひとつに、「家族に食べさせるように料理を作る」があります。「お客様のための料理」だと、どうしても媚びた料理になってしまう気がするのです。一方、「家族に食べさせる料理」は、相手の好き嫌いを超えて、自然と相手の健康を考えて作る料理になります。

外食が身体によくないのは、味付けが濃かったり、健康よりおいしさを優先にした料理だということもありますが、健康的な料理があっても「結局、自分が好きなものしか食べない（注文しない）」ということも理由のひとつだと言われています。例えば、から揚げが好きな人は、どこに行ってもから揚げを選んでしまう。たとえそこにヘルシーなメニューがあっても、から揚げを選んでしまうのです。

でも、家ではそうはいきません。
から揚げだけを食べていたら、「野菜も一緒に食べなさい」と言われるでしょう。私は、外食にも、こういう家族の健康を想う、おせっかいな要素が必要なのではないかと考えているのです。

現代人は、外食が日常になっているので、いつでも自分が好きなものを好きなだけ自由に食べられる環境にあります。嫌いなものを食べる必要がなく、好きなものばかり選んで食べていると、偏りが出て、健康を害してしまうのです。お店側から見ても、大勢の人が好きなものを置かないと売れません。だから外食にはそういうものが溢れてしまい、「外食＝体に悪い」となってしまうのではないでしょうか。

実身美は、家と同じように、手作りで、栄養がきちんと摂れるように、日々バランスを考えて献立を立て、料理しています。そしてスタッフも全員、毎日店の食事を食べています。
外食をせざるを得ない人が、家のようなごはんが食べたいときに、帰れる場所。そんな、母親が家族のために作るような食事を、これからも作り続けていきたいと思います。

2015年7月　大塚三紀子

玄米カフェ 実身美 since2002

あべの店
大阪府大阪市阿倍野区阿倍野筋2-4-39
☎06-6622-2135

心斎橋店
大阪府大阪市中央区心斎橋筋1-2-22
☎06-6224-0316

京橋店
大阪府大阪市都島区東野田町1-6-1
☎06-6353-9333

大手町店
東京都千代田区丸の内1-3-2
三井住友銀行東館 B1
☎03-6273-4214

http://www.sangmi.jp/

効能別 こんなときに食べてほしいメニュー

実身美では、現代人に不足していて、積極的に摂りたい食材を多用しています。できるだけひとつのメニューでいろんな栄養素が摂れるよう、よく考えてメニューを作ります。そのなかでも、特にこのメニューはこんなときに食べてほしい！ と思うものを分類しました。主に食材の持つ効果と、実身美のスタッフが実際に食べて実感したことをもとにした分類です。ただし効果の出方は、それぞれの体質や季節によってもさまざまですので、あくまでも目安としてご利用ください。

疲れを感じたときに
心身が疲れたときには、甘いものではなく、消化によい良質のたんぱく質を摂ることが大切です。

- じんわり揚げ高野と野菜のおろし煮 14
- はと麦とバジルのポテトグラタン 15
- 鶏肉と野菜の治部煮　わさび添え 17
- 鶏肉と野菜の豆乳クリームシチュー 18
- 高野豆腐ともちきびのもちもちハンバーグ 22
- 豚肉入りなすとピーマンのジンジャー炒め 22
- さわらと野菜の包み焼き 25
- サーモンの塩麹ムニエル 28
- 豆と野菜のスパイシー煮 29
- 車麩と野菜の南蛮丼 36
- なすと長いもの肉味噌ドリア 40
- アスパラと塩鮭の玄米チャーハン 41
- ベジつくねのヘルシー甘辛丼 42
- アボカドと漬けサーモンの玄米丼 45
- 里いもとトマトのベジチーズグラタン 50
- ゴーヤと切り干し大根のチャンプルー 55
- ふんわりひじき入りがんもどき 56
- 高野豆腐のカツレツ フレッシュトマトソース 60
- あらとわかめの韓国風スープ 68
- きのこと玄米もちのコンソメスープ 73
- セロリと梅干しの味噌汁 75
- バナナと小豆のクラフティ 81

ストレスを感じたら
ストレスで発生する活性酸素は、抗酸化作用のある食材で消しましょう。ビタミンCやカルシウムも失われるので、補うように。

- じんわり揚げ高野と野菜のおろし煮 14
- 鶏肉と野菜の治部煮　わさび添え 17
- 切り干し大根と三つ葉のごまあえ 17
- れんこんのひじき煮　梅しょうが風味 21
- なすといんげんの赤衣あえ 21
- 豚肉入りなすとピーマンのジンジャー炒め 22
- さわらと野菜の包み焼き 25
- ピーマンとれんこんの花椒きんぴら 25
- サーモンの塩麹ムニエル 28
- 夏野菜とおろし大根のハニーマリネ 28
- 玄米ちらし寿司 34
- 玄米タコライス 38
- 里いもとトマトのベジチーズグラタン 50
- 塩麹ラタトゥイユ 52
- 高野豆腐のカツレツ フレッシュトマトソース 60
- 枝豆とたまねぎのもちきびポタージュ 70
- モロヘイヤのスープ 74
- トマトの味噌汁 74
- にんじんの豆乳スープ 75
- 米粉を使ったきな粉スティック 89

肌荒れを改善したいときに
肌の材料であるたんぱく質と、良質な油、保湿力のある食材を使ったメニューです。

- じんわり揚げ高野と野菜のおろし煮 14
- 鶏肉と野菜の治部煮　わさび添え 17
- アボカドと納豆の生春巻き 18
- さわらと野菜の包み焼き 25
- サーモンの塩麹ムニエル 28
- 白菜と高野豆腐ボールのクリーム煮 53
- プチトマトのジンジャーマリネ 59
- オクラとトマトのおろしあえ 62
- 豆腐チーズのカプレーゼ 63
- にんじんの豆乳スープ 75
- 豆腐とココナッツオイルのティラミス 82
- 豆腐と紫いものベジチーズケーキ 84
- かぼちゃとココナッツミルクのぜんざい 87

気分をリラックスさせたいときに
濃い味付けは避けて、自然な甘味を感じるクリーム系のメニューやスイーツなどで気分をほっこりさせて。

- かぼちゃとさつまいものココナッツミルクサラダ 22
- なすと長いもの肉味噌ドリア 40
- 白菜と高野豆腐ボールのクリーム煮 53
- 枝豆とたまねぎのもちきびポタージュ 70
- さつまいもともちきびの豆乳チャウダー 72
- きのこと玄米もちのコンソメスープ 73
- にんじんの豆乳スープ 75
- 甘酒アイスと抹茶ムースのパフェ 78
- バナナと豆腐のガトーショコラ 80
- バナナと小豆のクラフティ 81
- 豆腐とココナッツオイルのティラミス 82
- 豆腐と紫いものベジチーズケーキ 84
- 米粉とよもぎのもちもち蒸しパン 86
- かぼちゃとココナッツミルクのぜんざい 87
- 米粉とココナッツオイルのちんすこう 88

酵素を摂りたい！
酵素は加熱で失われるため、生の食材や発酵食品で、健康にも美容にも大事な酵素をたっぷり摂りましょう。

- トマトともずくの和風カルパッチョ 15
- 玄米甘酒のトマトソースを使ったごろっとキャベツ煮 21
- なすといんげんの赤衣あえ 21
- 豚肉入りなすとピーマンのジンジャー炒め 22
- ピーマンとれんこんの花椒きんぴら 25
- サーモンの塩麹ムニエル 28
- 夏野菜とおろし大根のハニーマリネ 28
- 玄米タコライス 38
- 里いもとトマトのベジチーズグラタン 50
- 塩麹ラタトゥイユ 52

INDEX

ゴーヤとわかめの韓国風サラダ 54
ゴーヤと切り干し大根のチャンプルー .55
夏野菜のあちゃら漬け 59
プチトマトのジンジャーマリネ 59
オクラとトマトのおろしあえ 62
かぼちゃの塩麹煮 62
豆腐チーズのカプレーゼ 63
セロリの塩麹きんぴら 63
モロヘイヤのスープ 74
トマトの味噌汁 74
にんじんの豆乳スープ 75
バナナと豆腐のガトーショコラ 80
豆腐と紫いものベジチーズケーキ 84

気を巡らせてリフレッシュしたいときに
気分をシャキッとさせたいときは、香り食材やお酢を使ったメニューがおすすめです。

はと麦とバジルのポテトグラタン 15
ごぼうとれんこんのバルサミコ炒め ... 18
車麩と野菜の南蛮丼 36
玄米タコライス 38
れんこんと豆のレモンマリネ 58
白菜と大根のローズマリーマリネ 59
プチトマトのジンジャーマリネ 59
セロリの塩麹きんぴら 63
セロリと梅干しの味噌汁 75

冷え症対策に
冷えにはあたたかいものを摂るのがいちばん！ 食材としては干し野菜や、根菜、しょうがおすすめ。

切り干し大根と三つ葉のごまあえ 17
鶏肉と野菜の豆乳クリームシチュー ... 18
鶏肉とかぶの玄米豆乳雑炊 44
たけのことごぼうの麻婆豆腐 48
冬瓜と鶏ハムのすり流し 71

ダイエットしたいとき
カロリーは低いけれどボリュームがあって、満足感を感じられるメニューを選びました。

玄米甘酒のトマトソースを使った
ごろっとキャベツ煮 21
鶏肉とかぶの玄米豆乳雑炊 44
塩麹豆腐と青菜の白あえ 57
オクラとトマトのおろしあえ 62

かぼちゃの塩麹煮 62
ニラ団子とオクラの味噌汁 67
枝豆とたまねぎのもちきびポタージュ..70
冬瓜と鶏ハムのすり流し 71
さつまいもともちきびの
豆乳チャウダー 72
きのこと玄米もちのコンソメスープ ...73
モロヘイヤのスープ 74
かぼちゃとココナッツミルクの
ぜんざい 87

胃腸が疲れたら
消化しやすい食材と、自然な味付け、消化によい調理法を活かしたメニューで、胃腸をいたわりましょう。

高野豆腐ともちきびの
もちもちハンバーグ 22
キヌアとおからのポテトサラダ風 25
豆と野菜のスパイシー煮 29
鶏肉とかぶの玄米豆乳雑炊 44
たけのことごぼうの麻婆豆腐 48
デトックススープ 66
あらとわかめの韓国風スープ 68
枝豆とたまねぎの
もちきびポタージュ 70

紫外線を浴びてしまったら
トマトやパプリカ、ゴーヤなど、抗酸化作用のある色の濃い野菜を摂ることがおすすめです。

トマトともずくの和風カルパッチョ ... 15
プルーン寒天と紫キャベツのマリネ 17
アボカドと納豆の生春巻き 18
夏野菜とおろし大根のハニーマリネ...28
玄米タコライス 38
ゴーヤとわかめの韓国風サラダ 54
塩麹豆腐と青菜の白あえ 57
白菜と大根のローズマリーマリネ 59
夏野菜のあちゃら漬け 59
プチトマトのジンジャーマリネ 59
オクラとトマトのおろしあえ 62
豆腐チーズのカプレーゼ 63

体内をデトックスしたい
解毒と代謝アップによい食材（酵素の生きた生の食材、根菜、香味野菜）を組み合わせて使っています。

はと麦とバジルのポテトグラタン 15
プルーン寒天と紫キャベツのマリネ 17

ごぼうとれんこんのバルサミコ炒め 18
玄米甘酒のトマトソースを使った
ごろっとキャベツ煮 21
玄米ちらし寿司 34
たけのことごぼうの麻婆豆腐 48
塩麹ラタトゥイユ 52
ゴーヤとわかめの韓国風サラダ 54
ゴーヤと切り干し大根のチャンプルー .55
れんこんと豆のレモンマリネ 58
夏野菜のあちゃら漬け 59
セロリの塩麹きんぴら 63
枝豆とたまねぎのもちきびポタージュ..70
米粉とよもぎのもちもち蒸しパン......... 86

貧血対策に
貧血気味のときには、黒い食材や鉄分の多い食材、たんぱく質、ビタミンCを補給するようにしましょう。

れんこんのひじき煮　梅しょうが風味..21
さわらと野菜の包み焼き 25
サーモンの塩麹ムニエル 28
ふんわりひじき入りがんもどき 56
モロヘイヤのスープ 74
バナナと豆腐のガトーショコラ 80

ノンシュガー
お料理の味付けについついお砂糖を使ってしまう方に、一度試してほしいメニューです。

鶏肉と野菜の豆乳クリームシチュー 18
玄米甘酒のトマトソースを使った
ごろっとキャベツ煮 21
かぼちゃとさつまいもの
ココナッツミルクサラダ 22
なすと長いもの肉味噌ドリア 40
ベジつくねのヘルシー甘辛丼 42
アボカドと漬けサーモンの玄米丼 45
里いもとトマトのベジチーズグラタン...50
塩麹ラタトゥイユ 52
ふんわりひじき入りがんもどき 56
塩麹豆腐と青菜の白あえ 57
れんこんと豆のレモンマリネ 58
プチトマトのジンジャーマリネ 59
かぼちゃの塩麹煮 62
セロリの塩麹きんぴら 63
デトックススープ 66
枝豆とたまねぎの
もちきびポタージュ 70
かぼちゃとココナッツミルクの
ぜんざい 87

INDEX

STAFF

撮影
鈴木正美（studio orange）

デザイン
後藤奈穂

構成
北條芽以

フードコーディネイト・スタイリング
中山暢子（peddle）

フードアシスタント
高橋佳子

レシピ作成
江場一恵
川内美津子
田中理規
森島奈津子
川久保孝幸
（以上、実身美キッチンスタッフ）

校正
鈴木初江

編集
川上隆子（ワニブックス）

協力
UTUWA

「実」があって「身」体によくて「美」しくなる
実身美(サンミ)のごはん
大塚三紀子 著

2015年8月8日 初版発行
2025年3月10日 6版発行

発行者　髙橋明男
発行所　株式会社ワニブックス
　　　　〒150-8482
　　　　東京都渋谷区恵比寿4-4-9　えびす大黒ビル
ワニブックスHP　http://www.wani.co.jp/
＜正しく暮らす＞シリーズHP　http://www.tadashiku-kurasu.com/

印刷所　株式会社美松堂
DTP　　株式会社三協美術
製本所　ナショナル製本

お問い合わせはメールで受け付けております。HPより「お問い合わせ」へお進みください。
※内容によりましてはお答えできない場合がございます。

定価はカバーに表示してあります。
落丁・乱丁の場合は小社管理部宛にお送りください。送料は小社負担でお取り替えいたします。ただし、古書店等で購入したものに関してはお取り替えできません。
本書の一部、または全部を無断で複写・複製・転載・公衆送信することは法律で定められた範囲を除いて禁じられています。

© 大塚三紀子 2015　ISBN978-4-8470-9368-5

※本書に掲載されている情報は2015年7月時点のものです。
掲載されている情報は変更になる場合もございます。
※効果や効能には個人差があります。